# 風水說話의 理解

# 風水說話의 理解

양은모 저

문경출판사

| 추천사 |

　실로 양은모 박사와의 인연이 오래 되었다. 친구의 권유로 늦은 석·박사 과정까지 소걸음으로 쉬지 않고 정진해 온 것을 옆에서 지켜보면서 참으로 보통 사람이 아니라는 생각을 하였다. 게다가 사회복지학도 공부하고, 교육센터를 운영하면서 주경야독으로 풍수문학을 연구하여 왔다. 풍수에 대해 해박한 지식이 있으면서도 드러내는 법이 없고, 논문 발표전에는 수줍은 처녀 모양으로 상기되어 있다가 논문 발표시간이 되면 자신만만하게 풍수에 대해 달변으로 포효하는 것을 보았다. 아마도 기존에 풍수에 관한 연구는 많이 있었지만 풍수문학에 대한 분류 연구로는 양 박사가 으뜸이 아닌가 한다. 풍수설화에서 소설로 전이 되는 양상을 밝혀낸 것은 문학사에 큰 업적이라 아니할 수 없다.

　愚公移山이라는 말이 있다. 태산도 한 삽 씩 퍼 옮기다 보면 언젠가는 없앨 수 있다는 신념으로 태산에 삽질한 사람이다. 신이 감복하여 태산을 옮겨주었다고 한다. 풍수설화라는 태산 앞에 삽질을 하고 있는 사람이 양 박사이다. 실로 우공에 비견할 만한 사람이다. 태산이 옮겨지듯이 풍수문학도 양공의 삽질 앞에 서서히 그 맥을 찾아가고 있음이 다행한 일이다. 늦게 시작한 만큼 힘들기는 하지만 세상에 드러내고 자랑할 수 있는 저서가 나올 수 있게 됨에 축하의 말을 전한다.

　더욱 정진하여 한국 풍수문학의 거벽이 될 것을 기대하며 추천사에 대신한다.

초미동 초옥에서<br>최 태 호

| 들어가는 말 |

　지나고 보니 생활 속에 풍수와 무관한 것이 드물다는 것을 알게 되었다.
　설화에 풍수설화가 많은 것도 이러한 사실과 무관할 것이다.
　오랜 동안 풍수에 관심을 두고 살았는데 풍수설화를 접하고 보니 그 연관성에 대하여 더욱 알고 싶은 것이 많아졌다. 설화는 구연되는 과정에서 첨삭 가미 되는 게 사실이지만 그래도 근간은 남아있게 마련이라는 생각을 했다.
　유사설화를 찾다보니 성씨가 틀려도 내용이 비슷하면 그 설화에 맞는 사진을 썼고, 성이나 내용이 같아도 여건상 갈 수 없거나 찾지 못한 곳은 다른 곳의 사진으로 대체했다. 또 설화의 특성상 사실과 다소 차이가 있을 수도 있을 것이다.
　감사의 묘나 돌보지 않거나 이장될 묘는 답사 당시의 상황이므로 차후 좋은 방향으로 변할 수도 있음을 밝힌다. 일부 자료사진을 촬영하지 못한 곳도 더러 있다. 어떤 곳은 두세 번도 가는 답사 과정이었지만 게으름의 소치라 생각한다.
　풍수설화의 이해를 돕기 위하여 풍수사진을 가능하면 크게 하여 많이 실었다.

돌아보면 정말 많은 사람들로부터 은혜를 입고 살았다. 지면으로 나마 모두에게 감사의 말을 전한다. 늦게나마 늘 공부하며 대학에서 놀고 싶은 마음을 일깨워준 임근옥 선생과 그것이 현실이 되도록 지도해준 중부대학교 대학원 최태호 국어국문학과장님께 진심으로 깊은 감사를 드린다.

초면인 내게 시작과 강의로 바쁜 와중에도 선뜻 출판을 허락해 준 문경출판사 강신용 사장님과 차분히 교정을 봐 준 권기택 실장에게도 감사의 말을 전한다.

아주 오래된 인연으로 오늘까지의 나를 늘 밝게 지켜보며 오랜 기간 지속되는 답사에도 미소로 답한 이재명 씨에게도 지면을 통해 감사를 표한다. 내 행복의 가늠자인 듬직한 아들딸아, 언제나 건강하고 밝게 웃어 주니 고맙다.

2007년 한여름에

양은모

| 目次 |

**제1장 풍수설화** ································ 15
　제1절 풍수설화의 이해 ······················ 15
　　1. 풍수설화란 무엇인가 ···················· 15

**제2장 풍수설화의 사상적 배경** ············· 20
　1. 들어가는 말 ································ 20
　2. 『三國遺事』에 나타난 風水思想 ········· 24
　3. 原始巫俗思想과 風水 ······················ 29
　4. 中國의 風水와 韓國의 風水 ·············· 31
　5. 風水說話와 陰陽五行說 ··················· 40
　6. 나오는 말 ··································· 46

**제3장 풍수설화의 분류** ······················ 49
　제1절 풍수설화 담론 내용에 따른 분류 ··· 49
　　1. 名風說話 ································· 54
　　　1) 明堂獲地型 ···························· 54
　　　2) 明堂破損型 ···························· 82

    3) 明堂發福型 …………………………………… 94
    4) 明堂裨補型 …………………………………… 156
  2. 假風說話 ………………………………………… 165
    1) 漁父之利型 …………………………………… 167
    2) 神物保佑型 …………………………………… 170
    3) 明堂窺聞型 …………………………………… 173
    4) 偶然得地型 …………………………………… 176
  3. 無風說話 ………………………………………… 178
    1) 偶然發福 ……………………………………… 179
    2) 諧謔風水 ……………………………………… 181

# 제4장 풍수설화의 문학사적 의의 …………………… 201
## 제1절 풍수설화의 개념과 본질 …………………………… 201
  1. 풍수설화의 개념 ………………………………… 201
  2. 風水說話의 本質 ………………………………… 211
    1) 文藝史的 意義 ……………………………… 212
    2) 民俗學的 意義 ……………………………… 214

    3) 文化史的 意義 ………………………………………… 218
제2절 風水說話의 文學的 展開와 意味 ……………………… 220
  1. 風水說話와 古典小說 …………………………………… 220
  2. 風水說話의 小說的 意味 ………………………………… 227
  3. 死者生孫之地譚과 冥婚小說 …………………………… 232
  4. 假風說話의 小說的 轉移 ………………………………… 235
제3절 風水說話의 文學史的 意義 …………………………… 241

■ 參考文獻 ……………………………………………………… 243

제1장
# 풍수설화

## 제1절 풍수설화의 이해

### 1. 풍수설화란 무엇인가

　풍수설화는 대개 陽宅보다는 陰宅에 관한 이야기가 많다. 풍수설화는 풍수지리가 후손에게 미치는 길흉화복의 영향을 믿는 민간신앙과 기복신앙에 근거한 풍수에 관련된 신화·전설·민담 등을 말한다. 이러한 풍수설화의 모태인 풍수를 혹자는 미신이라 하고 혹자는 과학이라 하지만, 중요한 것은 오늘날과 같은 과학문명의 시대에도 많은 사람들이 신봉하고 있다는 사실이다. 거시적인 양택풍수에서부터 미시적인 음택풍수에 이르기까지 상당한 사람들이 의식·무의식적으로 풍수에 관심을 두고 있다. 이러한 풍수사상을 바탕으로 한 풍수설화는 구비설화와 문헌설화로 분류되는데, 문헌설화는 기록의 영구성으로 인하여 보전 전승되기가 쉽지만 구비설화는 특성상 전승에 어려움이 많다. 그럼에도 풍수설화가 구비문학의 한 갈래로 대중 속에서 면면히 그 맥을 이어올 수 있었던 것은 설화가 주는 재미와 유익함 그리고 교훈적인 내용이 있기 때문이다. 이러한 풍수에 기초한 풍수설화 속에는 풍수설의 영향이라는 사회적 의미 외에도 그 자체로도 구연을 즐길만한 문학성과 다양성에 체계적 서사구조가 있었기 때문이다. 설화는 사건 속에서 발생하는 등장인물의 대응 및 카타르시스를 통해 작품 속에 내재한 의미와 상징을 추출할 수 있으며 또한 그 과정을 통하여 전승집단의 시각과 의식구조를 알아볼 수 있다. 또한 조상을 숭배하고 자신의 구복을 위한 최고의 수단인 풍수사상을 기반으로 하기에 가능하였으리라고 본다. 풍수사상은 고대로부터 현재에 이르기까지 우리민족의 민속신앙이자 조상숭배사상으로서 그 영향력이 컸으며, 오늘날에도 풍수에 관한 관심은 음택에서 뿐 아니라 양택을 정하는 데도 깊이 관여하고 있다.

비근한 예로 2006년 10월 20일자 중앙일보에 실린 "유엔 총장 낳은 곳 풍수전문가 몰려" '반 장관 고향은 선학인가형'이란 제하의 기사를 보면 반기문 장관이 유엔사무총장이 된 후 하루 10명 이상씩 현재까지 200여명이 찾아왔다라는 이야기와 함께 전주 우석대에서 풍수지리학을 가르치는 김두규 교수는 반 장관의 생가 선영에 대해 仙鶴引駕型으로 표현했다고 한다. 그는 이 뜻을 "고상하고 우아한 학이 수레(백성 등 전 세계인을 태운)를 끌고 공동체의 선을 향해 비상하는 형국"이라고 풀이했다.[1]

---

1) 음성 서형식기자의 기사를 인용함.

반기문 유엔사무총장의 생가터(경운기 옆 비닐 친 부분)

생가터에서 바라본 뒷산 선영

반기문 유엔사무총장의 생가 터는 충북 음성군 원남면 상당리 행치마을(윗행치)에 있다.

김두규 교수는 "세 개의 봉우리로 이루어진 조덕산이 반장관의 생가를 좌우에서 감싸는 가운데 오른쪽 봉우리가 강한 기운을 갖고 있어 반장관이 고향에서보다는 타향에서 인정과 지지를 받게 된 것 같다"고 말했다고 한다.

생가 터 옆에 있는 광주 반씨 장절공 행치파의 대형 돌 족보

여타종교를 막론하고 일부에서는 지금도 심심치 않게 지관을 부르는 것을 본다.

물론 화장도 많이 하고 납골묘도 하며 전 고려대 김장수 학장처럼 봉분도 없고 비석도 없이 樹木葬을 하는 사람들도 늘어나는 추세다.

그렇게 자연으로 돌아가는 사람도 있지만 얼마 전 가까운 친척이 초상이 나서 가보니 풍수가 와서 묏자리를 보고 있었다. 풍수에 대한 관심은 지금도 여전히 존재하고 있음을 보여주는 예다.

나도 廣州의 농가에서 어린 시절을 보냈다. 점심을 먹을 때 조부께서 '고수레'하는 것을 보며 자라왔다. 그 자세한 이유가 무엇인지 궁금해 하며 바쁘다는 이유로 오늘에 이르렀다. 그런데 고수레도 풍수설화의 한 부분이라는 것을 알았다.

1986년경 성남시의 쓰레기 소각장 건립계획으로 선산이 수용돼 이장문제가 대두되어, 새로 산 여주 선영에 이장을 하기 위해 풍수사를 불렀는데 명당이라고 지정해주는 곳이 저마다 달랐다.

그 후 우연히 구비문학을 읽다가 풍수설화를 접하고 많은 의문을 해소 하게 되었다. 좀 더 알아보기 위하여 풍수설화를 읽게 되었다. 이들 설화는 직·간접으로 풍수와 관련이 있는 작품들로 구비전승되는 과정에서 첨삭이 가미되었으나 나름대로 문학적 가치를 찾을 수 있다고 생각한다.

현대에는 컴퓨터와 휴대폰 등의 미디어의 발달로 미디어가 설화의 구전을 대신한다. 그래도 일각에서 풍수가 활용되는 요즈음 풍수설화와 관련된 사진을 보면서 풍수설화의 이해를 돕고자 한다.

제 2 장

# 풍수설화의 사상적 배경

## 1. 들어가는 말

풍수설화를 이해하기 위해서는 풍수가 무엇인가를 먼저 알아야겠다.

풍수는 풍수지리설에 근거한다. 풍수지리설이란 무엇인가라는 질문에 대한 대답은 결코 간단하지가 않다. 그럼에도 불구하고 지금까지 많은 풍수서들이 지리설의 요체를 한 마디로 표현하려는 노력을 그치지 않았다.[2] 풍수하는 방법으로는 平洋의 地勢에서 得水의 땅이 제일이고 山龍인 경우의 藏風되는 땅이 그 다음이라 지적(風水法中 上者平洋 得水之地 次者山龍藏風之地)하였다.

풍수지리라 함은 한 마디로 표현하기에 어려운 말이다. 옛 문헌을 통해서 보면 "수 많은 지리서가 있으나 그 뜻을 묶으면 음양이라는 두 개념 사이에 머무는 것이니, 陰陽의 奇妙함을 꿰뚫어 알 때 사람

---

2) 崔昌祚, 『韓國의 風水思想』, 民音社, 1984, p.21.

사이에 地仙으로 행세하여도 부끄러움이 없을 것"3)이라 하여 그 핵심을 음양으로 파악하기도 하였고, "風水의 術法은 得水가 으뜸이요, 藏風이 그 다음이라"4)고 하기도 하였다. 風水하는 방법에서 지세를 볼 때 득수가 가장 으뜸인 것이 공통된 의견이다. 천기의 생기가 땅에서 비롯되기 때문에 인간의 행과 불행이 모두 여기에서 기인한다는 점에 초점을 맞춘 것이 풍수설의 요체이다. 땅에 있는 생기가 바람을 맞으면 흩어지고 水氣를 만나면 멈추게 되기 때문5)에 바람을 막고(藏風) 물을 얻는다(得水)는 뜻에서 풍수라는 말이 생겨났다. 땅에는 천지만물의 기본 원리로서의 기가 있어서 묏자리나 집자리 등을 통해서 땅의 기운이 인간의 생사길흉화복에 영향을 미친다는 것이다. 이렇게 사람이 사는 터를 통해서 생기를 얻고자 하는 것을 陽宅風水라고 하고 묏자리를 통해서 후손에 좋은 영향을 끼치고자 하는 것이 陰宅風水라고 한다.

풍수라는 말의 유래는 중국 晉나라의 곽박이 쓴 장경『金囊經』에서 찾을 수 있다.6) 풍수지리설이란, 하늘과 땅 사이에는 정기가 충만

---

3) 『地理琢玉斧』, 「陰陽歌」, 年代未詳, 上海, 會文堂書局印, 古傳地理千百卷 義括陰陽兩字間 識透陰陽奇妙處 無愧人間行地仙.
4) 『地理正宗』 卷之二, 「葬書」, 1968, 臺灣, 瑞成書局, 風水之法 得水爲上 藏風次之.
5) 郭璞, 『金囊經』, 氣乘風則散 界水則止. 氣感篇.
6) 崔昌祚 譯注, 『靑烏經.錦囊經』, 民音社, 2005, p.72-76 － 經曰, 氣乘風則散이오, 界水則止니, 古人은 聚之使不散하고 行之使有止하나니 故로 謂之風水라. 風水之法은 得水爲上이오 藏風次之니라. 〔經에 이르기를 氣는 바람을 타면 흩어진다고 하였다. 물에 닿으면 머문다고 하였다. 古人은 氣를 모아 흩어지지 않게 하고, 氣를 行게 하다가 멈추게 하고자 하니, 따라서 風水라하는 것이라고 하였다. (氣는 바람을 타면 흩어져버리니 風이오, 물을 만나면 멈추게 되는 것이니 水다. 역주) 風水의 法術은

하여 지하로 흐르거나 바람과 물을 따라 움직이는데, 이 정기는 지형에 따라 강약과 성질이 다르기 때문에 좋은 정기가 강하게 뭉쳐진 이른바 명당에 조상의 유해를 모시거나 집을 지으면 그 정기에 감응되어(同氣感應說) 가문이 흥성한다는 속설이다.

그러한 명당 터에 대해 간결하면서도 정확한 표현이 『擇里志』[7)]에 있다.

> 살터를 잡는 데는 첫째, 地理가 좋아야 하고, 다음 生利가 좋아야 하며, 다음으로 인심이 좋아야 하며, 또 다음은 아름다운 산과 물이 있어야 한다. 이 네 가지에서 하나라도 모자라면 살기 좋은 땅이 아니다.

살기 좋은 땅이 없어져버린 작금에 어울리는 논리를 최창조는 다음과 같이 주장하였다.

> 어떠한 사람이건 마찬가지로 고귀한 것처럼 산에도, 더 넓게는 땅에도 나쁜 땅이란 없다는 것이다. 사람이 그 재주와 능력에 맞지 않는 일을 시키면 못난 사람이 되어버리는 것처럼, 땅의 용도를 잘못 고르면 피해를 입는 수도 있으나 그것은 사람의 잘못이지 땅이 나쁜 때문이 아니다. 풍수원칙에 멀리 벗어나는 이단의 자리이면서도 하늘이 내린 길지로 되는 예는 얼마든지 있을 수 있다는 점을 상기할 일이다.[8)]

적덕이 즉 명당이라는 얘기가 풍수설화에서 주를 이루는 내용이

---

得水가 으뜸이요 藏風이 그 다음이다.〕
7) 이중환,『擇里志』, 2005, 을유문화사, p.135.
大抵卜居之地 地理爲上 生利次之 次則人心 次則山水 四者缺一 非樂土也.
8) 崔昌祚,『땅의 논리 인간의 논리』, 民音社, 2004, p.23.

다. 이와 같은 내용은 한국자생풍수의 핵심을 이루는 말이다. 주어진 그대로의 산하에 자연과 인간이 상생하는 관계에서 풍수의 의미가 있다는 말이다. 상생하기 위하여 가장 중요한 것이 積德과 積善이다. 적덕 적선을 근거로 풍수와 관련된 일반적인 설화를 모두 풍수설화라고 보는 것이 좋다. 풍수에 관한 설화로는 명풍수에 관한 것도 있고, 가풍수에 관한 것도 있다. 명풍수에는 明堂獲地型을 비롯해서 明堂發福型, 明堂裨補型 등의 설화가 있고, 가풍수에는 漁父之利型, 神物保佑型, 明堂窺聞型, 偶然得地型 등의 설화가 있다. 또한 무풍수설화도 있는데 이는 우연히 발복한 설화라든가, 해학적인 풍수설화 등이 이에 속한다.

풍수설화를 이해하기 위하여 먼저 기본적인 풍수 용어를 살펴보면 다음과 같다.

**음택** : 시신이 묻힌 묘로 무덤을 사람 사는 집에 상대하여 이르는 말
**양택(陽基)** : 무덤을 음택이라고 부르는데서 상대적으로 쓰는 말로 집 한 채가 앉을만한 곳을 양택이라고 하며 좀 더 큰 개념의 동네나 도시의 터를 보다 큰 개념으로 양기라 한다.
**산** : 산은 풍수의 기본으로 매우 중요하며 산과 연결되지 않은 사는 아무리 좋아도 명당이나 혈을 갖지 못한다.
**용** : 산의 능선을 말하는데 용처럼 힘차게 뻗어 내려와야 좋다.
**맥(脈)** : 용 속에 감추어진 산의 정기를 뜻하며 용의 맥으로 길흉을 파악한다.
**穴** : 혈이란 용맥 중 음양의 합수 처로 산수의 정기가 응결된 곳이며 묘가 자리하는 곳을 말한다.
**사** : 혈장을 중심으로 한 주위의 봉만을 포함해서 암석, 강, 바다, 호수, 건물, 평야, 사지, 구릉, 도로 등 혈 주위의 형세를 통틀어 사라 한다.

- **주산(主山)** : 명당(혈) 뒤에 있는 산으로, 少祖山, 후산, 진산이라고도 한다.
- **안산** : 혈 앞에 가장 가까운 산을 말한다.
- **조산** : 안산 너머에 있는 먼 산을 말한다.
- **청룡** : 동쪽을 말하며 혈에서 보면 왼쪽이다.
- **백호** : 서쪽 방위를 말하며 혈을 마주 바라볼 때 왼쪽이다.
- **주작** : 남쪽을 말하며 안산 쪽이다.
- **현무** : 북쪽을 말하며 혈 뒤 주산 쪽이다.
- **기** : 사람의 기처럼 산과 물의 흐름과 멈춤을 말한다.
- **명당** : 좌우에 둘러싸인 혈 앞의 땅을 명당이라 한다. 내명당과 외명당이 있다.
- **좌향** : 혈의 중심으로, 즉 주거의 경우 건물이 선 자리를 말하며 음택의 경우 관이 묻힌 광중을 좌로하여, 坐에서 정면을 바라보는 방위를 향이라 한다. 따라서 좌향은 일직선상에 놓이게 된다. 정남향을 자좌오향이라고 한다.

한국의 풍수설화를 알아보기 위하여 우선 『三國遺事』에 나타난 풍수사상을 살펴보고, 원시 무속사상에 나타난 풍수사상, 중국의 풍수와 한국의 풍수사상의 차이점, 그리고 풍수설화에 나타난 음양오행설 등을 알아보기로 한다. 흔히 풍수라고 하면 중국의 『靑烏經』이나 『金囊經』을 생각하지만 중국의 풍수가 전래되기 이전부터 우리나라의 설화 속에서 풍수개념이 전해지고 있었다는 사실을 인지할 필요가 있다.

## 2. 『三國遺事』에 나타난 風水思想

우리나라 풍수설화의 기원이 언제부터인지는 명확하지 않다. 두드러지게 나타난 창조신화도 별로 없고, 무속신화에 가끔 나타나기도 한다. 그러나 우선 문헌설화를 중심으로 살펴보면 『三國遺事』에 나타난 풍수를 근거로 풍수사상을 유추해 볼 수 있다.

말을 마치자 그 아이가 지팡이를 끌며 두 종을 데리고 토함산(吐含山)에 올라가 돌집을 지어 7일간을 머물면서 성(城)안에 살만한 곳이 있는지 바라보니 마치 초생달 같은 봉우리를 보았는데 그 지세가 오래 살만한 곳이었다. 내려와 그곳을 찾아가 보니 바로 호공(瓠公)의 집이었다.9)

여기에서 우리는 脫解가 풍수지리에 해박한 지식이 있음을 알 수 있다. 초사흘 달은 초승달로 땅의 형세로 말하자면 '左靑龍 右白虎'의 明堂(음택풍수설과 양택풍수설에서 명당은 비슷하다)이라 할 수 있다. 땅에는 地氣가 있고 山에는 山氣가 있게 마련이다. 脫解는 토함산에 올라가 살만한 곳을 찾았다고 했는데 이는 바로 양택풍수설의 일종으로 좋은 집터를 찾은 것이다. 산의 기운이 흐르다가 뭉쳐기가 한 곳에 모여 있고 초승달처럼 좌우로 산이 둘러 있어 바람을 막아주기에 적당한 곳, 이곳이 바로 명당이 된다.

삼일월인 초승달(三日月形)은 날이 지남에 따라 점점 커져 가게 마련이므로 이 터에 사는 사람도 장차 크게 되리라는 뜻이며, 결국 탈해가 뒤에 왕이 된 것도 초승달 터에 산 결과라는 풍수적 설화이다. 신라 도성이 半月城이었고, 백제 도성인 부소산성의 이름 또한 반월성이었던 것도 이와 같은 이치다.

---

9) 『三國遺事』 제1권, 一然 著, 金奉斗 編譯, 1995, 敎文社, p.76.
　言訖 其童子曳杖率二奴 登吐含山上作石塚 留七日. 望城中可居之地. 見一峯如 三日月. 勢可久之地.

동도의 남산 남쪽에 봉우리 하나가 우뚝 솟아 있는데 세속에서는 이를 高位山이라 한다. 산의 남쪽에 절이 있는데, 속칭 高寺, 또는 天龍寺라 한다.

<討論三韓集>에는 다음과 같이 기록되어 있다. 鷄林에는 客水 두 줄기의 와 逆水 한 줄기가 있는데 그 역수와 객수의 두 근원이 천재를 진압하지 못하면 천룡사가 뒤집혀 가라앉는 재앙을 부른다.

俗傳에는 이렇게 말했다. "逆水는 이 주의 남쪽 馬等烏村의 남쪽을 흐르는 내가 이것이다." 또 이 물의 근원이 천룡사에서 시작되는데, 중국에서 온 사자 樂鵬龜가 와서 보고 말했다고 한다. "이 절을 파괴하면 금시에 나라가 망할 것이다."

『삼국유사』 천룡사조(天龍寺條)의 내용을 읽어보면 천룡사가 裨補寺刹임을 바로 알 수 있다. 裨補라 함은 땅의 결점을 보완하여 쓸 만한 곳으로 만드는 방식으로 우리 고유의 풍수법이다.

신라를 병합하여 건국한 고려 태조 왕건은 신라가 다시 일어날 것을 염려해 지술에 능한 인사를 경주로 잠입시켜서는 경주가 '丹鳳抱卵型'인데, 단봉인 남산이 알이 없으므로 봉황이 날아갈 위험이 있다는 소문을 퍼뜨리게 하였다. 경주에서 만약 봉황이 날아가면 국운이 다하므로 봉황이 날아가지 않게 하기 위하여 알을 만들어 품게 하고, 봉황이 물을 마실 수 있도록 깊은 우물을 파야 한다고 했다. 그래서 그 알로서 시내에다 만든 것이 봉황대인데 행주형인 경주라는 배에 봉황대라는 거대한 흙더미를 실어놓고 배 밑바닥에는 우물 곧 구멍을 뚫었기 때문에 지기가 약해진 신라가 부흥하지 못하고 완전히 망하게 되었다[10]고 한다. 비보와 상극을 활용한 예라고

---

10) 金義淑 외, 『민속학이란 무엇인가』, 북스힐, 2003, p.192.

하겠다. 압승하기 위해 상극적인 장치를 행한 것이다. 이러한 이야기는 고구려의 淵蓋蘇文條에서도 볼 수 있다.

> (전략) 개금이 아뢰었다.
> 「솥에는 세 발이 있고, 나라에는 세 가지 敎가 있는 것인데, 신이 보니 이 나라에는 불교와 유교만 있고 도교가 없으므로 나라가 위태로운 것입니다.」
> 왕이 이를 옳다고 여겨 당나라에 아뢰어 도교를 청했다. 이에 태종이 敍達(혹은 叔達) 등 도사 8명을 보내 주었다. 왕이 기뻐하여 절을 道館으로 만들고 도사를 존경하여 儒士 위에 앉게 했다. 도사들은 나라 안의 이름난 산천을 돌아다니며 이를 鎭壓하는데 옛 평양성의 지세가 新月城이라 하여 도사들이 주문을 외워 南河의 용에게 명령해서 만월성을 더 늘려 쌓아 龍堰城이라 했으며, 讖記를 지어 龍堰堵, 또는 千年寶藏堵라 했다. 여기에 혹은 靈石을 파서 깨트리기도 했다.(『三國遺事』<寶藏奉老 普德移庵>)[11]

이 설화 또한 상극에 의한 裨補 풍수를 역이용한 것이다. 『三國遺事』에는 이와 같이 풍수와 관련된 설화가 중국의 풍수관이 들어오기 이전부터 기록되어 있다. 이러한 비보풍수에는 지세의 약점이나 흠결을 보충·보완하여 기운이 일어날 수 있도록 다독거리는 所應策과 지나친 기운을 눌러서 조화를 이루게 하는 壓勝策이 있다. 비보풍수는 도선국사가 우리나라 국토를 하나의 완벽한 有機體로 보고 위치나 방위 및 산천의 지세에 따라 알맞은 곳을 택하여 절, 탑, 부도를 세우고 여러 보살에게 기원함으로써 개인과 국가의 재난을 물리치고자 한 국역진호설로부터 비롯한다. 그러나 위의 문장을 살펴보면

---

11) 위의 책, pp.286-291.

도선국사 이전에 이미 신라시대부터 비보풍수의 개념이 성립되었고, 도선국사에 와서 하나의 학설로 정립된 것이라고 볼 수 있다.

이와 유사한 풍수의 고조선시대 발생설은 朴容淑[12])에게도 있다. 그는 『三國遺事』의 「檀君神話」 부분을 해석하여 風水自生說을 주장하면서, 결국 우리의 고대 민족명인 동이란 천문, 풍수지리, 풍각쟁이(幾何), 노래하는 활량들의 뜻이라고 단정하였다.

또 풍수설이 탈해의 설화에 등장하는 것은 의미심장한 일이 아닐 수 없다.[13]) 이렇게 풍수설에 가까운 것이 상고시대에 信奉되었는데, 신라말엽에 당으로부터 학술적인 풍수설이 도입되자 급속도로 확산되었다는 주장이다. 이것은 곧 우리나라 고유의 신앙에 이미 풍수학이 전래되어 있었거나 최창조의 주장처럼 自生風水[14])가 있었다고 볼 수 있다. 최창조는 도선풍수의 몇 가지 사례에서 (1) 國域裨補 (2) 桐裏山 太安寺 (3) 영암 구림일대 (4) 도갑사 (5) 옥룡사 (6) 實相寺 (7) 경주 감은사지 (8) 북제주군 애월읍 곽지리의 자생풍수 흔적 (9) 기타 사례들을 예로 들어 우리나라에 자생풍수가 있었다는 주장을 했는데 전래의 자생풍수지리가 이미 이 나라에 있어 오다가, 백제와 고구려에 중국으로부터 이론이 확립된 풍수가 도입되면서 서서히 알려지게 되었고, 결국 신라의 삼국통일 이후에는 신라에도 전해져 전 한반도에 유포되었을 것으로 추정한다.[15]) 『三國遺事』가 이것을 증명해주고 있다. 이런 이유로 우리나라에 자생해온 풍수설화가 삼국시대 이전부터 이미 발생하였으리라고 類推할 수 있다.

---

12) 朴容淑, 『한국의 始原思想－原型研究를 위한 方法序說』, 文藝出版社, 1985, pp.23-24.
13) 崔台鎬 外, 『한국설화문학론』, 은하출판사, 1998, p.108.
14) 崔昌祚, 『한국의 自生風水』1, 民音社, 1997, pp.65-114.
15) 崔昌祚, 『땅의 논리 인간의 논리』, 民音社, 2004, p.41.

## 3. 原始巫俗思想과 風水

漢代에 靑烏子의 『靑烏經』으로 大成된 風水思想은 東晋(AD 4세기)의 郭璞에 의해 葬經 일명 『金囊經』이 저술됨으로서 이론적인 체계를 완성하였다. 풍수사상이 여러 제후들의 난립하는 春秋戰國 時代 또는 후한 멸망 후 난세 속에서 발전하였다는 것은 전란에 필요한 병법이 발달하고 전승을 위해서 지리가 무엇보다도 중요한 일이었기 때문일 것이다. 또한 이런 전란 속에서 살아남기 위해서는 안전한 택지 및 피난처를 구하는 것이 매우 중요하였을 것이다. 또 이러한 상황들이 초인적인 어떤 힘에 의지하여 새로운 어떤 사상 또는 종교가 필요하였으리라고 본다. 이러한 원시종교는 우리나라에 계속 존재해 오면서 각계각층의 문화에 어떤 때는 위력적으로, 어떤 때는 아주 미미하게 그 영향력을 행사해 왔다고 본다. 이것은 원시종교가 우리민족 고유의 신앙이라고 할 수 있을 만큼 오랫동안 우리 민족의식을 지배했기 때문이다. 그러므로 이런 사상이 우리 문학에도 많은 영향을 미쳤으며 특히 일정한 형식이 없이 민중들로부터 구전되어 온 설화문학에 적잖이 영향을 주었을 것이다. 풍수에 있어서도 장묘의 경우 역시 부모나 자기 조상의 무덤에 한해 생기감응이 발생하고 동시에 구복의 길이 열린다고 하는 것은 두 말할 것도 없다. 그런데 유가의 조령관, 즉 친자감응사상과 풍수설의 감응사상이 상통하여, 근세조선에 와서는 묘지풍수가 더욱 발전할 수 있었다.[16] 이것이 풍수사상을 크게 성행하게 하는 원동력이 된 것이다.

그 후 풍수사상은 당대에 와서 크게 성행하였는데 그 이유는 당

---

16) 朴湧植, 『韓國說話의 原始宗敎思想硏究』, 一志社, 1992, p.220.

왕실이 그들 조상의 계보를 老子 이이와 결부시켜 도교를 강력히 신봉하였으므로 자연히 도교와 깊은 관련이 있는 풍수사상까지 숭배하였기 때문이다.17) 우리나라는 옛적부터 지리적 조건이 도교적 신앙을 지니기에 적당하여 중국의 도교신앙이 들어오기 훨씬 전부터 나름대로의 산신신앙이 자리 잡고 있었으며, 이와 같은 상황이었기에 도교가 뿌리를 쉽게 내린 것이다.18)

『三國遺事』를 보면 고대 우리 조상들은 그들이 살고 있던 지역 중에서 특정한 곳을 신성시하는 경향이 있었다. 아사달·神市·소도·별읍·신단·서라벌 등이 특정한 지역을 의미하고 있음은 두루 아는 사실이다. 우리말에 동쪽을 의미하는 '새'라는 글자가 들어간 地名이 많다. 서라벌도 그 중의 하나이다. 해가 뜨고 상서로운 고장을 중시하는 경향이 있었던 것이다. 수도를 정함에도 풍수를 보았고, 성역을 정할 때도 풍수에 맞게 정했다. 특히 신들의 거처를 정함에는 산이나 굴 같은 곳에 한정시키지 않고 인간들의 자의에 의해서 특정한 곳을 정해 터를 쌓고 단을 만들었다. 여기에 풍수의 역할이 지대하였음은 말할 나위 없다. 강화도 마니산의 경우도 그렇다. 제를 지내기 위해서는 산 위가 하늘에 가까워야 하고, 재생과 관련된 물을 볼 수 있으면 더욱 좋다. 山氣와 水氣가 어우러진 곳을 찾아보면 강화도의 마니산만큼 좋은 곳이 없다. 산의 가장 높은 곳은 풍기가 심하여 산기가 흩어지기 쉬운 곳이나 하늘에 가깝기 때문에 신성시 할 수 있는 곳이다. 음택과 양택을 초월하여 천제의 단을 쌓을 수 있는 곳이라고 하겠다.

---

17) 李鍾恒, 『風水』, 한국민속대관 제3권, 고대민족문화연구소출판부, 1982, p.289.
18) 崔台鎬 外, 前揭書, p.109.

『춘향전』에는 월매가 혈육을 얻기 위하여 남편인 성씨와 더불어 명산인 지리산을 찾아갈 때에 살펴본 남원의 풍수가 기술되어 있다.

　　목욕재계 정히 하고 명산 승지 차저갈 제 오작교 나서서 좌우 산천 둘러보니 서북의 교룡산은 戌亥方을 막어 있고, 동으로 난 장림숲 깊은 곳에 선원사는 은은히 보이고, 남으로 난 일대 장강 벽파되어 동남으로 둘렀으니, 別有乾坤 여기로다.

　위의 내용을 자세히 보면 장풍득수의 명당에 남원이 자리하고 있음을 알 수 있다. 음양의 조화가 있으면 영웅이 나고 조화를 잃으면 마을이 쇠퇴한다고 믿었다. 춘향 모의 지극한 정성과 산천의 정기가 경국지색을 낳게 한 것이다.
　이러한 도교의 신앙과 비슷한 고유의 신앙이 곧 풍류도라 할 수 있고 풍류도를 근본으로 하여 풍수설화가 파생되었다고 본다. 풍류도의 기본 교육과정을 보면 "서로 도의를 갈고 닦고, 서로 노래와 춤으로 기뻐하며, 산수를 두루 다니면 놀아 이르지 않은 곳이 없도록 (或相磨以道義 相悅以歌樂 遊娛山水無遠不至)" 여행을 하는 것이다. 이렇게 산수를 두루 다니며 심신을 수련하다 보면 자연스럽게 접신하게 되고 그 속에서 산수의 길흉을 판단할 수 있는 능력을 익히게 된다. 화랑들이 놀고 간 자리는 예부터 명당으로 알려져 있다. 四仙臺, 永郎湖, 三日浦 등이 勝地임은 익히 아는 사실이다.


### 4. 中國의 風水와 韓國의 風水

　중국의 풍수학을 말하려면 우선적으로 보아야 하는 것이 『靑烏經』과 『錦囊經』이다. 이 두 권의 책이 현존하는 최고의 풍수서라는 데는 이견이 없다. 『青烏經』은 땅에 대해 최초로 언급해 놓은 것으로 땅의 성질과 음양에 관해 서술해 놓았고, 『錦囊經』은 곽박이라는 사람의 기지를 통해 땅의 이치를 설명한 책이다. 곽박이 상을 당했을 때의 일을 상고해 보면 다음과 같다.

    곽박은 그의 어머니가 죽자 기양의 어느 한 곳의 땅을 택해 장사지냈는데, 그 묘가 물에서 백 보도 안 떨어져 있었다. 당시 사람들이 너무 물에 가깝지 않느냐고 말했다. 그러나 곽박은 장차 물이 물러나고 모두가 뭍이 될 것이라고 예측했다. 과연 후에 모래가 쌓여 묘에서 수십리가 모두 뽕나무밭이 되었다. 이 때문에 곽박의 명성은 더욱 높아졌다.[19]

郭璞의 본전의 기록을 살펴보면, 그는 당시 하동에 머무르고 있던 곽공으로부터 『靑囊中書』 9권을 받아 이를 통해 五行·天文·卜筮의 술에 정통하게 되었다고 한다. 『錦囊經』에서는 '장사를 지냄에 있어서는 생기에 의지해야 한다'는 것을 필두로 오행의 기가 땅속을 돌아다니고 있음(五氣行於地中)을 말하고 부모의 유해가 기를 얻으면 그 남긴 바 몸(부모로부터 받은—人受體於父母)인 자식은 음덕을 받는다(本骸得氣, 遺體受蔭)고 하여 명당발복을 중심으로 이야기를 전개하고 있다. 중국의 풍수를 종합적으로 본다면 명당을 찾아서 부모나 조상의 시신을 모시면 그 음덕이 후손에게 전해진다는 명당발복에 근원을 두고 있다고 볼 수 있다.

풍우 등의 자연 현상의 변화가 인간 생활과 화복에 깊은 관계가 있다는 생각은 이미 중국 전국시대 말기에 시작되었다. 陰陽五行의 사상이나 참위설과 혼합되어 인간의 운명이나 화복에 관한 각종

---

19) 최창조, 『청오경·금낭경』, 민음사, 2005, p.48.

예언설을 만들어 내게 되었고, 그것이 초기 도교의 성립에 의해 체계화되었다. 이 설은 그러한 사상의 하나로 나타났으며, 이후 중국을 비롯한 동양인의 생활에 많은 영향을 주었다. 이 설의 중심은 墳墓, 寺刹, 道觀, 住居, 부락, 도성을 축조하는데, 재화를 물리치고 행복을 가져오기 위하여 지상을 생각하는데 있다.[20]

중국 북경 명13릉 묘역 입구에 서 있는 비석

우리 것과 별다른 것은 없으나 북경에서 묘를 볼 수 없어 가이드 김강군 씨에게 물으니 중국 관광지에 있는 무덤은 전부 이장했고

---

20) 『한국민속문화대사전』하, p.1797.

지금은 화장을 주로 한다고 한다.

북경에서 북서쪽으로 약 50키로 정도 가면 천수산 아래 명나라 황제 16명 중 13명의 능역이 나온다. 명나라를 세운 주원장의 능은 남경에 있고 두번째 황제의 능은 위치를 모르며 7번째 황제는 폐위되어 이곳에 묻히지 못했다. 그래서 명13릉인데 그 중 발굴이 완료돼 개방된 능은 제14대 정종(定宗)의 능이다. 지하궁전이라고 불리는 매우 큰 규모의 능인데 유네스코세계문화유산으로 등록되어 있다.

무덤 내부에 있는 이 비에는 신종현황제지릉(神宗顯皇帝之陵)이라고 씌어있다. 우리나라 왕의 비는 화강암이나 오석을 주로 쓰는데 붉은색을 좋아하는 중국의 특성상 붉은빛을 띠는 돌이다.

　중국의 풍수 사상이 정확하게 언제 우리나라에 전래되었는지는 알 수 없다. 우리나라는 원래 산악국으로 도처에 유명당이라고 할 수 있을 만큼 풍수조건에 적합한 곳이 실로 무수하여 결국 이러한 자연적 환경이 후래 풍수사상의 성행과 폐해를 유치한 중요한 이유가 되었거니와 삼국시대에는 아직 그러한 사상을 받아들인 흔적은 없다.21) 그러나 중국의 풍수사상을 받아들이지는 않았다고 해도 탈해의 경우와 같이 자체적으로 지세가 뛰어난 곳을 판단하고 왕이 나올 장소라는 것을 알고 있었던 것으로 보아 자생적인 풍수사상이 있었던 것으로 보아야 한다. 음양철학은 삼국시대에도 유행하였고 그것을 통하여 점복을 실행한 흔적이 있지만 삼국시대의 음양철학은 중국의 풍수사상과는 약간의 거리가 있다고 본다. 철학의 하나로 자리 잡고 있을 뿐 풍수와 접맥되기 이전의 형태로 보아야한다. 단지 자연스럽게 지맥을 판단하고 지기를 파악하여 君主가 되거나 시읍을 결정하는 요인으로 한국적 풍수사상이 성장하고 있었던 것이다. 그러던 차에 玉龍子 道詵(AD 827~898)같은 인물이 나와 풍수설을 집대성하게 된 것이다. 그가 풍수설을 전수 받은 곳도 전남 구례현에 인접한 남해안지방이었다는 것으로 보아 이 지방에는 이미 그 전에 풍수설이 유포되어 있어 도선이 그것을 습득할 수 있었던 것22)이다. 본격적으로 풍수가 학설로 자리 잡기 시작한 것은 신라 말기에서 시작하여 통일 이후에 확립된 것이라 하겠다. 이것을 널리 백성에게 인식시키고 신뢰할 수 있도록 한 것이 바로 도선국사였다. 이로 인해 풍수사상

---

21) 최창조, 『한국의 풍수사상』, 민음사, 1984, p.46.
22) 위의 책, p.46.

은 우리나라의 각 분야에 걸쳐 커다란 영향력을 끼치게 되었고, 우리
나라의 설화에 도선의 이름이 가장 많이 등장하는 것도 여기에서
기인한 것이다. 이어 고려 시대 왕씨 가문의 비호를 받으면서 풍수학
은 크게 장려되었다. 그러나 고려사회는 불교를 국교로 하여 풍수설
이 후대로 갈수록 심층부에 파고들지는 못했다. 오히려 조선사회에
와서 유학의 음양철학과 맞물려 상하를 막론하고 민간신앙의 기본으
로 자리 잡게 되었다. 유가의 음양오행과 이기설이 풍수사상을 뒷받
침해주었고, 유가에서 중시하는 崇祖思想이 풍수와 연관되어 음택
풍수가 절정에 이르게 된 것이다. 풍수사상은 유가와 뿌리를 같이
하면서도 그것의 보급은 주로 승려에 의해 주도되었다. 가장 대표적
인 예가 서경천도설로 난을 일으킨 묘청과 이성계를 도와 조선을
세운 무학대사이다. 이처럼 승려가 풍수와 깊은 연관을 맺게 된 것은
승려의 잦은 대민 접촉에 있다고 하겠다. 즉 승려는 일반 백성들의
인도자로서 세상일에 능통해야 하므로 그 중 중요한 일이 장례와
관련된 것이다. 즉 음택을 잡아주는 것이 그들의 주된 역할이었던
것이다. 음택을 잡아주기 위해서는 풍수를 알고 있어야 하고 이것이
바탕이 되어 점차 풍수학의 권위자가 되어갔던 것이다. 불교에서는
시신을 화장하고 있음을 생각할 때 유가와 불교의 접합점이 되는
것이 바로 민속학에 근거한 풍수학이었던 것이다. 승려가 명당을
잡아주는 얘기는 비일비재하게 나타난다.

　　우리나라 자체에서 풍수가 시작되었다는 학설은 매우 드문 편인
데, 이에 관한 한 극단적인 주장은 朴時翼[23]에게서 찾아볼 수 있다.

---

23) 朴時翼, 『風水地理說 發生背景에 관한 分析硏究 -建築에의 合理的인
　　適用을 위하여』, 고려대학교 대학원 건축공학과, 박사학위 논문, 1987,
　　pp.230-243.

그에 의하면 한반도는 지형적인 구조에 있어서 산이 많은 까닭으로 산악과 산신에 대한 숭배사상이 구석기시대부터 전해져 내려왔으며 이 사상은 한반도를 중심으로 하여 독특한 지석묘 문화를 형성하였다고 한다. 우리나라에 있어서 풍수사상은 산악지의 지리적인 환경조건과 山岳崇拜 思想, 지모사상, 영혼불멸 사상 및 삼신오제 사상 등에 의하여 자연적으로 발생하게 되었으며, 단군의 神市 선정, 왕검의 符都 건설, 지석묘의 위치선정 및 신라 脫解王의 半月城 입지선정 등은 우리나라 고대 풍수사상이 되었다. 그러다가 신라 말기에 활발해진 중국과의 문화 교류로 더욱 풍수가 발전하게 되었다는 것이 그의 주장의 골자이다.24) 약간 시기를 뒤로 끌어내린 것이기는 하지만 김득황25)의 주장에서도 풍수사상이 우리 민족 내부에서 자체적으로 발생한 지리사상이란 점이 지적되고 있다.26)

    풍수설도 陰陽八卦와 五行生氣의 관념을 토대로 하여 일종의 학문으로 발달한 것으로 그 기원을 찾자면 중국 상고시대에 소급하여야 할 것이지만, 우리나라에선 당에서 풍수설이 수입되기 이전에 이미 풍수설이 존재하였다. 상고시대의 우리 민족과 마찬가지로 지상에서의 생활상의 요구로부터 적당한 토지의 선택을 생각하지 않을 수 없었다. 주택을 선택함에는 산수가 놓인 모양을 고려하지 않을 수 없고, 국도를 정함에 있어서는 방위와 공격의 지세를 고려하지 않을 수 없었다. 이러한 토지선택의 방법은 점점 추상적으로 그리고 전문적으로 진보되어 하나의 상지술로 발달하여 갔다.

    한 가지 신기하면서도 불유쾌한 사실은 모든 현대 직업적 지관들

---

24) 崔昌祚, 『땅의 논리 인간의 논리』, 民音社, 2004, p.37.
25) 金得晃, 『韓國思想史』, 白巖社, 1978, pp.195-201.
26) 崔昌祚, 전게서, p.38.

의 풍수 저술들은 한결같이 철저하게 중국으로부터의 도입설을 기정사실로 받아들이고 있다는 점이다.27) 이는 문화적 사대주의의 단면으로 풍수라고 하면 중국을 연상하는 다른 나라의 사고와 다르지 않다. 그러나 우리나라 고유의 풍수 사상이 있으니 이것을 자생풍수라고 한다. 중국의 풍수가 있는 그대로의 땅을 이용한다면 한국의 풍수는 비보적인 성격이 강하다는 것이다. 배산임수의 명당이 그리 많지 않은 우리나라에 적합한 방법으로 땅의 결점을 보완하여 명당터로 만드는 방식이다. 비보풍수의 유형으로는 ① 地名變更型(땅의 명칭이 부적합함으로 지명을 변경하여 복을 받는다) ② 地形變更型(형태를 변형시켜 비보하는 방법이다) ③ 水界變更型(물길을 바꾸어 비보하는 방법) ④ 補完裝置型(허결한 곳에 補助裝置나 制御裝置를 설치하는 방법) ⑤ 行爲型(땅의 기를 유지하기 위해 의도적인 행위를 하는 방법 - 지신밟기 등) ⑥ 寺刹建立型(허결한 땅을 보완하기 위해 불교적 신성공간을 건립하는 방법 - 남해의 보리암) ⑦ 案山設定型(안산을 바로 정해야 나라가 평안하므로 안산을 정하여 터를 잡는 방법 - 경주의 남산) 등이 있다. 중국의 일반적인 풍수론보다 한국의 풍수론이 더욱 인간적인 품성을 닮았다. 인간을 위해 풍수를 변형할 수 있다는 것부터 새로운 발상이라고 하겠다. 우리 자생 풍수는 땅을 살아가는 생명체로 대한다는 것을 그 출발점으로 삼는다. 더 나아가서 땅을 곧 어머니로 대한다.28) 자연에 순응하되 역경을 물리칠 수 있는 상황을 연출해보자는 것이다. 즉 풍수도 바꿀 수 있다고 보는 것이 한국의 풍수방법이다. 좋은 땅이 있는 것이 아니라 땅과 사람이 相生의 조화를 이루었느냐 그러지 못했느냐의 문제가

---

27) 崔昌祚, 전게서, p.39.
28) 崔昌祚, 『땅의 눈물 땅의 희망』, 궁리, 2003, p.25.

있을 뿐이다. 좋은 땅, 나쁜 땅을 가리는 것은 자생풍수가 아니라 어떤 사람에게 맞지 않는 땅, 맞는 땅을 가리는 것29)이 우리 선조들의 풍수였던 것이다.

신라통일 이후 도입되었다는 가장 대표적인 주장은 이병도30)에 의한다. 그는 말하기를 우리나라는 원래 도처 유명당이라고 할 수 있을 만큼 풍수조건에 적합한 곳이 실로 무수하여, 결국 이러한 자연적 환경이 후래 풍수지리사상의 성행과 폐해를 유치한 중요한 이유가 되었거니와, 신라통일 이전 삼국시대에는 아직 그러한 술법과 사상을 받아들인 듯한 형적은 없다고 단정하고 있다. 이에 반해서 최병헌31)은 사신벽화가 그려져 있는 평남 용강군 매산리, 신덕리 및 진지동 소재의 고구려 고분과 충남 부여군 능산리 고분은 그 주위 산세가 확실히 풍수지리설상의 조건을 구비하고 있어서 그에 의하여 선정된 것으로 본다. 특히 백제에서는 풍수지리에 관한 서적까지 유행되었던 모양으로, 무왕 3년에 삼론종의 승려인 관륵이 역법, 둔갑방술서와 함께 천문지리서를 가지고 일본에 가서 그곳의 승정이 되었던 적이 있다고 하였는데 관륵이 가지고 갔다는 지리서가 구체적으로 무엇을 가리키는 것인지는 알 수 없으나, 당시 유행하고 있던 풍수지리설 관계 서적임에는 틀림없다고 보고, 삼국시대에 이미 풍수지리설이 들어왔다고 주장하였다.32) 위와 같은 주장들이 풍수가 중국으로부터 들어왔다는 증거로 삼기에는 미흡하다고 볼 수 있다. 중국의

---

29) 위의 책, pp.26-27.
30) 李丙燾, 『高麗時代의 硏究 －특히 圖讖思想의 發展을 中心으로』, 亞細亞文化社, 1980, pp.21-30.
31) 崔柄憲, 「道詵의 生涯와 羅末麗初의 風水地理說」, 『韓國史硏究』2, 1975, pp.129-130.
32) 崔昌祚, 『땅의 논리 인간의 논리』, 民音社 2004, pp.39-40.

풍수는 『錦囊經』을 중심으로 자연을 있는 그대로 받아들여 거기서 안주하는 것이지만 우리나라의 풍수는 자연을 그대로 받아들이는 것이 아니라 우리의 실정에 맞게 보완하여 다양한 방법과 합리적인 아이디어를 동원하여 결함이 있는 국토를 가꾸는 것이다.33)

## 5. 風水說話와 陰陽五行說

음양설이란 말은 『易經』에서 나왔다고 한다. 역의 「繫辭傳」을 보면,

이런 까닭으로 역에는 태극이 있는데 이것이 양의를 만들었다. 양의가 사상을 낳고, 사상이 팔괘를 낳았다. 팔괘가 길흉을 정하고 길흉이 대업을 낳는다.
(是故易有太極. 是生兩儀. 兩儀生四象. 四象生八卦. 八卦定吉凶. 吉凶生大業.)

오행설은 萬有를 그 구성적 관계에 의해 관찰하고, 삼라만상은 모조리 木火土金水라는 다섯 가지 원소의 이합, 집산, 다소, 유무, 즉 이 다섯 가지 원소의 구성관계에 따라 정해진다는 것이다. 이와 같이 음양설과 오행설은 하나의 우주현상을 서로 다른 방면에서 관찰한 것이기 때문에 조금도 충돌하거나 矛盾되지 않는다. 오히려 이 두 가지는 상호 제휴해 나가지 않으면 안 된다. 그런 의미에서 볼 때 음양설과 오행설을 합쳐서 음양오행설이라하는 것은 타당하다고 본다.34)

---

33) 中部大學交 인문사회과학연구소, 『인문사회과학논문집』 중부대, 2006, p.369.
34) 村山智順, 『한국의 풍수』, 明文堂, 1996, 정현우 역, p.141.

그러면 오행이란 것은 어떤 것일까?『書經』홍범을 보면, "水曰潤下, 火曰炎上, 木曰曲直, 金曰從革, 土爰稼穡. 潤下作鹹, 炎上作苦, 曲直作酸, 從革作辛, 稼穡作甘"이라고 해서 그 성상과 미각적 속성을 말하고 있다. 이들 성상 및 맛은 오행을 완전히 물질적으로 관찰한 것이다. 水의 潤下, 火의 炎上, 木의 曲直, 金의 從革(임의로 형체를 변형시킬 수 있는 것), 土의 稼穡(파종 및 수확)등은 모두 구체적인 실상으로 주어진 것이다. 또한 그 맛에 있어서도, 바닷물을 끓여서 얻는 소금, 재에 포함되어 있는 알칼리, 목피를 짠 즙의 산미, 토양의 감미로움 및 금물의 피부를 자극하는 통각, 마치 매운맛에 의해 자극되는 것같이 일상 경험상의 사실로부터 미루어 상정했던 것이다. 오행으로 자연현상을 설명하려는 관념도, 음양설과 마찬가지로, 완전히 인적 경험을 기초로 해서 출발했던 것이다. 오행의 상호관계에는 상생과 상극의 두 가지 원리가 있다.

木生火, 火生土, 土生金, 金生水, 水生木(相生原理)
水克火, 火克金, 金克木, 木克土, 土克水(相剋原理)

이상의 두 원리는 오행설에서 가장 중요한 법칙이다.[35]
즉 우주의 현상에 대하여 음양오행설은 다음과 같이 설명한다. 우주에는 만물의 성분이 되는 다섯 가지 원기가 있다. 이 다섯 기가 만물을 생성시키지만 생출된 것이 서로 다른 것은, 이 기로부터 사물이 生出할 때 음양의 지배를 받기 때문이다. 우주로부터 生出된 것이 하나의 小太極이라는 것은 주지의 사실이다. 그러므로 만물은

---

35) 상게서, pp.153-154.

모두 하나의 소태극이고, 이 소태극은 그 규모가 작은 점이 大太極과 다른 것이지만 그 본질 면에서는 별로 다르지 않다. 마치 큰 사진을 명함판으로 줄여 찍은 것과 같은 것으로, 작지만 전부를 갖추고 있는 것이다. 따라서 만물이 오행의 기로부터 생긴다고 하면, 만물은 모두 오행의 기를 갖춘 것이라고 할 수 있다. 왜냐하면 오행의 기는 태극 밖으로 벗어나지 않고 전부 태극에 구비된 것이기 때문에, 이 태극을 축소시킨 소태극인 만물에도 역시 오기와 오행이 전부 구비되어 있음은 두 말할 필요도 없다.36)

풍수사상은 중국에서 Animism의 일종인 지방숭배사상이 음양오행설의 이론적 토대 위에서 발달한 것이다. 풍수사상의 본질은 음양오행설에서 원용한 생기론과 그 밖의 친자감응, 동기감응 등 감응론에 근거를 두고 있다. 생기론에서 '生氣'란 陰陽에서 출발한 것이다. 음양은 태극의 정동을 말하는 것이고 그 정동에서 金水木火土의 五行이 생겨나고 삼라만상이 생성된다. 이 음양지기는 바람, 구름, 비가 되기도 하지만 地中에 流行하면 生氣가 된다. 즉 生氣란 지중에 유행하고 있는 五氣로서 萬物 生育의 根本이 되는 것이다. 『山法全書』에 의하면

> 지리가의 핵심은 음양으로 이것을 이해하면 어려운 일이 없다. 지리의 도란 결국 음 중에서 양을 구하고 양 중에서 음을 찾는 일에 불과하다.37)

라고 하였다. "不過陰中求陽 陽中覓陰而已"가 풍수학의 핵심이다. 땅 속의 생기가 가장 충만한 곳이 眞穴이 되고 이 진혈을 찾는 것이

---

36) 상게서, pp.165-166.
37) 『地理大成 山法全書』卷之首上, 「陰陽」.

풍수의 목적이므로 이 원리의 기초에는 음양철학이 있는 것이다. 같은 책에

  生氣란 地理의 主로, 葬事란 결국 생기를 타는 것에 지나지 않는다. 생기는 음양의 交媾로 水火旣濟, 즉 완성의 결과로 나타난다. 한 쪽에 偏枯하면 생기는 흩어지는데, 치우칠수록 그만큼 더 흩어진다. 이것이 극단에 치우치면 四種의 惡氣가 되며, 純陰純火이면 尖利한 殺氣, 純陽純水면 산만한 死氣, 純陰純水면 壅腫한 病氣, 純陽純火면 말라 흩어지는 敗氣가 되는데 이것은 모두 범해서는 안 되는 것들이다.[38]

 이러한 생기를 찾는 일은 일반인들이 쉽게 할 수 있는 일은 아니다. 禪을 수행하는 일과도 같다. 풍수설화는 이러한 선을 행하는 일과는 조금 다른 차원에 존재한다. 풍수에 관련된 여러 가지 일들을 기록해 놓은 것이나 구비 전승된 것을 말한다. 설화가 문학으로 자리매김하기 위해서는 문자화의 과정을 거쳐야 한다. 구비전승 되던 것이 누군가에 의해 채록되고 이것이 문학작품으로 연구될 때 비로소 가치를 인정받을 수 있는 것이다. 문학은 인간의 사상과 감정을 내포한다. 그러므로 모든 문학작품 속에는 작가의 사상이 내재되어 있다. 풍수설화 역시 구비문학의 한 장으로서 그 사상을 가지고 있으며 설화는 서민적이고 민족적인 문학이기 때문에 그 어떤 문학작품보다도 민중적이고 민족적인 문학작품인 것이다. 그런 풍수설화는 풍수사상을 중심사상으로 담고 있는 설화이다. 그러나 모든 구비문학이 그렇듯이 오랜 세월 사람들의 입에서 입으로 전해 내려오는 특성상 풍수설화라 하여 풍수사상만 담고 있지는 않다고 볼 수 있다. 전해지는

---

38) 『地理大成 山法全書』 卷之首上, 「生氣」.

동안 화자의 의식에 따라 불교적이거나 도교적인 색채가 가미되기도 하고 유교적인 색채를 띠기도 하며 오늘날까지 전승되었을 것이다.

모든 종교는 궁극적인 목적으로 구원의 세계를 제시한다. 기독교에서는 천당을, 불교에서 해탈하여 정토로 가기를 꿈꾸는 것처럼, 도교에서 가장 염원하던 것은 장생불사였다. 즉 신선이 되기를 꿈꾸었던 것이다.[39] 유교는 항상 도덕적 죄의식에 가득 찬 삶만을 강조한 일면이 있다. 그러나 도교에서는 절대 도덕보다 상대 도덕을 강조하고 융통성을 바탕 한 상황윤리를 강조하고 있기 때문에 유교적 금욕주의나 절제 만능주의에 비해 편안하고 행복한 삶으로 이끌어 주는 것이다.[40] 반도의 형세는 대륙에 일부 접해 있고 삼면이 바다로 싸여 있어서 도가적 자연을 받아들이기에 적합하다. 그래서 반도라는 지리적 특성을 지닌 나라에 샤머니즘적 도교가 발달해 있다는 것은 주지의 사실이다. 풍수도 그 중의 하나로 우리의 역사와 함께 시작되었다고 해도 과언은 아니다. 이러한 토대 위에서 우리나라 풍수설화는 발전해 왔다.

예를 들면 『三國遺事』에서 신라에 네 영지가 동서남북에 있었는데 나라의 큰일을 의논할 때에는 대신들이 반드시 그곳에 모여서 모사하며, 그러면 반드시 그 일이 잘 이루어졌다[41]고 한다. 여기에 나타난 그 네 영지의 위치가 바로 음양오행의 방위를 따라 정해진 것으로 보아 단순한 회의 장소라기보다는 종교적 의미가 강한 성소라고 봄[42]이 맞다.

---

39) 漢陽大學校 韓國學硏究所, 『韓國學論集』, 1995, p.13.
40) 위의 책, p.15.
41) 『三國遺事』卷1, 紀異 第2, 眞德王條, 新羅有四靈也 將議大事 則大臣 必會其地謨之則其事必成.
42) 金仁會, 韓國巫俗思想硏究, 집문당, 1988, p.137.

『道詵密記, 조선풍수지리의 비서』에서 말하기를 '산이 적으면 높은 집을 세우고, 산이 많으면 낮은 집을 세우라고 하였는데, 산이 많음은 양(陽), 산이 적음은 음(陰),높은 집은 양, 낮은 집은 음을 가리키는 것이다. 우리나라는 산이 많아서 만약 높은 집을 세우면 반드시 쇠손(衰損)을 부를 것이니, 어느 누구든 궁궐에서 민가까지 모두 높은 집을 세우는 것을 금한다.(고려사 2권 충렬왕 3년 7월 병신(丙申)조'라고 하였다. 소위 고옥(高屋)의 금(禁)이라고 일컬어지는 것인데, 그 전통이 현대에도 이어져 내려오고 있다는 것을 알 수 있다.[43]

풍수사상에서 유형 유물에 의해 음양의 조화, 오행의 상생상극을 설명함으로써 행복을 구하고 재앙을 벗어나려고 하는데 이것은 설화에서 유물설화로 나타난다.[44] 예를 들어 단양의 화기를 누르기 위해 단양의 斗岳山에 물동이와 소금동이를 갖다 놓아야 한다는 등의 주장이 음양철학에 바탕을 두고 오행의 상생과 상극을 활용한 것이다.

風水思想史의 최고의 기록인『青烏經』에 땅을 보는 본질에 접한 사고방식이 잘 드러나 있다. 풍수는 陰陽符合, 天地交通, 內氣萌生, 外氣成形하며 內外相乘을 원리로 하기 때문에 눈으로 산천의 형세를 관찰하고 마음으로 바람과 물의 이치를 잘 생각하여야 음양조화에 회득하여 좋은 장택을 할 수 있다는 것이다. 물론 이 책은 거택에 대해서도 마찬가지의 이야기를 하고 있다. 우주 만물을 음양오행의

---

43) 노자키 미츠히코(오사카시립대학교수),『한국의 풍수사들』2000, 동도원, pp.229-230.
44) 李樹鳳,『백제문화권역의 상례풍속과 풍수설화연구』, 재단법인백제문화개발연구원, p.154.

기로써 이루어진 것으로 보고 인생의 길흉화복이 이 음양오행의 운행에 따른다는 것이며, 사람은 땅에서 나오는 곡식을 먹고 살다가 죽으면 흙(땅)으로 돌아간다는 것이다. 지세의 精도 음양오행이며 곡식의 정도 음양오행이다. 사람이 곡기가 다하면 죽어서 土氣로 돌아간다. 그러므로 음양과 지리, 인생과 장택은 길흉이 따르게 된다는 것이다. 장지의 선악처는 풍과 수와 직결되어 있고, 그 풍수는 지기의 길흉에 원인이 된다. 산맥의 용세가 좋고 산류의 수세가 좋아서 藏風回水가 음양오행과 天氣에 상응하는 땅만이 생기가 충만한 吉地이다. 이 길지는 사람의 주택이나 장지에 길복을 얻게 해준다는 것이다.45) 음양은 하늘과 땅 태양과 달 남자와 여자 등으로 구분되어진다. 우리가 살아가는데 조화를 이뤄야 하는 부분이다. 오행은 모든 것은 음과 양으로 구분하고 다시 이것을 木, 火, 土, 金, 水의 5종류로 분류하여 음양과 결합하여 조화와 상극관계를 살피는 것이다.

## 6. 나오는 말

한국의 풍수설화를 이해하기 위하여 풍수사상에 관하여 살펴보았다. 풍수사상은 음양철학에 기본을 둔 것으로 중국의 『청오경』의 영향을 받고 전래된 것으로 알고 있으나 한국에서 자생적으로 발생했다고 보는 것이 옳다. 삼국시대 석탈해의 신화에서 보는 바와 같이 중국의 풍수가 전래되기 이전부터 한국적 풍수가 있었다고 보기 때문이다.

風水는 藏風得水의 준말인데, 堪輿, 地理, 地術 등으로도 불린다.

---

45) 崔昌祚, 전게서(2004), pp.127-128.

땅 속의 살아있는 기운이 물을 만나면 멈추게 되어 바람을 막고 물을 얻는다는 뜻에서 풍수라는 말이 성립되었다.

또한 풍수에 관련된 일반적인 설화를 풍수설화라고 볼 수 있다. 『三國遺事』에 나타난 풍수사상을 살펴보면 우선 석탈해의 초승달 모양의 집터를 구하는 것이 있고, 천룡사의 설화를 비롯해서 연개소문의 설화에 이르기까지 풍수에 관한 내용이 보인다. 이는 중국의 풍수보다 훨씬 이전에 한국적 풍수가 있었다는 것을 반증한다.

우리나라는 반도라는 지리적 조건이 도교적 신앙을 지니기에 적당하여 중국의 도교신앙이 들어오기 훨씬 전부터 나름대로의 산신신앙이 자리 잡고 있었으며, 풍수학이 쉽게 뿌리를 내리는 토대가 된 것이다. 인간을 위해 풍수를 변형할 수 있다는 것부터 새로운 발상이라고 하겠다. 자연에 순응하되 역경을 물리칠 수 있는 상황을 연출해 보자는 사상이 내재되어 있다. 또한 비보에 관한 내용이 많은 것이 특징이다. 고려사회는 불교를 국교로 하여 풍수설이 심층부에 파고들지는 못했지만 조선사회에 와서 儒學의 음양철학과 맞물려 상하를 막론하고 민간신앙의 기본이 되었다. 유가의 음양오행과 이기설이 풍수사상을 뒷받침해 주었고, 유가에서 중시하는 崇祖思想이 풍수와 연관되어 음택풍수가 절정에 이르게 된 것이다. 풍수사상의 보급은 주로 승려에 의해 주도되었다. 이는 그들이 일반 백성들의 인도자로서 장례와 밀접해 있었기 때문이다. 음택을 잡아주기 위해서는 풍수를 알아야 하고 이것이 바탕이 되어 점차 풍수학의 권위자가 되었던 것이다.

우주 만물은 음양오행의 기로써 이루어져 있다. 인생의 길흉화복은 음양오행의 운행에 따르며, 지세의 精도 음양오행이며 곡식의 精도 음양오행이다. 사람이 穀氣가 다하면 죽어서 土氣로 돌아간다.

그러므로 음양과 지리, 인생과 장택은 모두 오행의 원리에 따르게 된다는 것이다.

　풍수설화와 음양오행과의 관계는 유학의 전래와 깊은 연관이 있다. 유학의 숭조사상과 사직사상이 모두 풍수설에 지대한 영향을 주었음은 말할 나위없다 하겠다.

# 제3장 풍수설화의 분류

## 제1절 풍수설화 담론 내용에 따른 분류

| 대분류 | 주제별 분류 | 소재별 분류 | 담론내용 | 설화 제목 | 자료 사진 |
|---|---|---|---|---|---|
| 명풍설화 | 명당획지형 | 동물득지 | 적선보은담 | 1. 함평 이씨 선조와 사슴의 보은<br>2. 문화 유씨의 유래 | 1. 이천서씨 시조 서신일<br>2. 문화유씨 안숙공 |
| | | 시신득지 | 적덕보은담 | 3. 엎드려 묻힌 명당 | 3. 약봉 서성 |
| | | 자신득지 | 적덕보은담 | 4. 이토정보다 더 용한 토정의 조수 | 4. 이지함 |
| | | 신물득지 | 적선·적덕담 | 5. 옥녀직금 명당<br>6. 대동이 잡은 명당 | 5. 송시열조부 송귀수<br>6. 엄미리·외암리 장승 |
| | | 활인득지 | 적선담 | 7. 16대 조상의 공덕으로 부통령이 된 김성수 | 7. 인촌 김성수 |

| 대분류 | 주제별 분류 | 소재별 분류 | 담론내용 | 설화 제목 | 자료 사진 |
|---|---|---|---|---|---|
| 명풍설화 | 명당파손형 | 명당사취 | 복박탈담 | 8. 신후지지 빼앗긴 박상의 | |
| | | 단혈단맥 | 발복욕망담 | 9. 지석묘와 마귀할멈 | 9. 지석묘 홍유릉 |
| | | 잘못 쓴 명당 | 명당구난담 | 10. 복 없어 명당 못 구한 남사고 | |
| | 명당발복형 | 금시발복 | 효행권장담 | 11. 오시하관에 사시발복 | |
| | | 명당쟁취 | 명문욕구담 | 12. 원두표이야기<br>13. 세종대왕능 이야기<br>14. 명당쓰고 번창한 한산이씨<br>15. 건원능과 딴능 | 12. 원두표<br>13. 영릉<br>14. 한산이씨 이장윤<br>15. 건원릉 남재. 남이 |
| | | 명당면례 | 가문욕망담 | 16. 명당 덕에 양반이 된 조광조 조부<br>17. 충무공 산소유래<br>18. 윤보선 선조 묘지 전설 | 16. 조광조<br>17. 충무공<br>18. 윤보선, 윤득실, 윤치영 |
| | | 명당명풍 | 가문번창담 | 19. 고씨네 유래 | 19. 밭에 쓴 묘 |
| | | 사자 생손지지 | 사손유형담 | 20. 사자생손지지를 잡아 준 숙종대왕 | 20. 숙종대왕 |
| | | 양택명당 | 적덕보은담 | 21. 솔묘산 전설 | 21. 독립기념관 등 |
| | 명당비보형 | 조산 | 22. 조산리와 노승 | | 22. 신륵사 보리암 |
| | | | 발복저지 | 23. 악인에게는 명당도 없다 | |
| 가풍설화 | 어부지리형 | 어부지리 | 선행보답담 | 24. 팔삭동이 낳은명당 | 24. 상당군 |
| | 신물보우형 | 신물보우 | 선인보답담 | 25. 가난한 사람 도와준 북두칠성 | |
| | 명당규문형 | 명당엿보기 | 명당탐구담 | 26. 오대정승자리를 훔쳐간 딸 | 26. 포은 저헌 |
| | 우연득지형 | 우연히 얻기 | 용기담 | 27. 우연히 잡은 명당 | |

| 대분류 | 주제별 분류 | 소재별 분류 | 담론내용 | 설화 제목 | 자료 사진 |
|---|---|---|---|---|---|
| 無風說話 | 우연발복형 | 우연발복 | 행운담 | 28. 장군대좌명당 | 28. 신립 |
| | 해학풍수형 | 해학풍수 | 지혜담 | 29. 정승 날 자리, 왕이 날 자리<br>30. 여주 벽절 진 이야기<br>31. 윤관장군과 산소자리<br>32. 청주한씨 시조묘 찾은 이야기<br>33. 말무덤 전설<br>34. 효자가 태어난 명당 | 29. 백사<br>30. 신륵사 다층전탑<br>31. 윤관 . 심지원<br>32. 한란. 한백겸. 문정공<br>33. 윤관, 이경류 애마총<br>34. 효자각 |

명풍설화에서는 풍수로 이름을 얻거나 명성을 떨친 사람에 관한 이야기가 주를 이룬다. 그것이 비록 역사적 실존 인물이든 무명인물

이든 간에, 그들이 이야기를 주도하면서 사건전반에 영향을 미친다. 명풍설화의 소분류로 1) 明堂獲地는 명당을 얻는 방법에 따른 분류인데 세분하여 살펴보면 (1) 動物得地는 호랑이나 사슴을 도와주고 그 동물이 보은의 형식으로 명당을 잡아주는 경우와, (2) 屍身得地는 시신이 그곳에서 움직이지 않는다든가 굴러가 멈춘 곳에 시신을 안장하여 시신이 직접 잡는 경우이며, (3) 自身得地는 자신이 身後之地를 미리 잡는 경우가 이에 해당하며, (4) 神物得地는 북두칠성이나 신선의 도움을 받고 자리를 잡는 경우, (5) 活人得地型은 積善·積德으로 어려운 사람을 도와주거나 구해준 후 그 사람의 보은으로 명당을 얻는 경우이다. 2) 明堂破損型의 경우 명풍을 속여 꾀로 명당을 얻어 쓰거나 또는 못쓰게 되는 경우나 쓰고 난 후 맥을 끊어 놓고 혈을 자르는 경우가 있고, 명당을 잘못 씀으로서 명당을 파손하는 경우가 이에 속한다. (1) 明堂詐取는 어려운 형편으로 명풍에게 묏자리를 잡을 수 없을 때 명풍을 속여 빼앗는 경우이고, (2) 斷穴斷脈은 명당이나 명산의 혈을 끊거나 맥을 끊어놓은 경우이며, (3) 잘못 쓴 명당은 명당이 아닌 곳을 명당으로 잘못 쓰는 경우가 이에 해당한다. 3) 明堂發福型은 명당을 쓴 후 복을 받는 형태를 세분하여 나눈 것이다. (1) 今時發福은 명당을 쓰기 전에 또는 명당을 쓰고 난 후 곧바로 발복을 하는 경우이며, (2) 明堂爭取型은 시댁이나 이웃과 싸워서 명당을 뺏는 경우이며, (3) 明堂緬禮는 지금의 묏자리보다 더 좋은 곳으로의 이장을 통해 발복을 바라는 경우나 발복하는 경우며, (4) 名堂名風은 명당에 관한 이야기와 한 시대를 풍미한 진정한 유명 무명의 명풍수에 대한 이야기를 담은 것이며, (5) 死者生孫之地는 죽은 자가 산 자와 관계해 자식을 본다는 다소 황당한 枯木生花說話譚이며, (6) 陽宅明堂은 명당집터나 훌륭한 인물이 나는 산이나 마을을 다룬 이야기다. 4) 明堂裨補型에는 우리나라 자생풍수의 원형인 비보풍수의 사상으로 만든 조산이나 잘못된 사람들의 발복은 저지한다는 비보적 사고가 있는 이야기로 구분하였다. (1) 造山은 허한 곳을 비보하기 위하여 산을 만들거나 돌탑을 쌓는 경우며, (2) 發福沮止는 살인자의 자손이나 남을 해한 사람에게는 발복을 못하게 한 산신이나 하늘이 등장하는 이야기로 일종의 비보라 할 수 있다.

假風說話는 명풍수가 아닌 사람들이 풍수로 행세하는 이야기로 학문적 지식이 있는 진사나 어려운 사람이 조력자의 도움을 받아 풍수로 성공하는 이야기다. 그러므로 평범하고 가난한 선비가 여러 가지 경우로 우연히 명당을 잡게 되는 경우가 이에 속한다. 1) 漁父之利型은 며느리나 일하는 아이의 도움으로 힘들이지 않고 들은 말대로 명당을 잡아주고 부자가 되는 이야기며, 2) 神物保佑型은 神物이 도와줘 일을 쉽게 해결하고 부자가 되는 경우이며, 3) 明堂窺聞型은 도움이 없이 假風이 주인이나 풍수의 얘기를 엿듣고 명당을 잡는 경우이며, 4) 偶然得地型은 풍수도 모르는 사람이 풍수사 행세를 하다 상황모면을 하려 도망치다가 앉은 자리 또는 적당히 잡아준 자리가 나중에 보니 명당이었다는 순전히 우연에 의한 명당을 차지하는 이야기다.

無風說話는 설화 속에 풍수가 등장하지 않는다. 풍수가 등장해도 설화를 이끌어가기 위한 풍수이다. 그러므로 거의 풍수사가 등장하지 않는 이야기가 많으며 풍수에 근거한 이야기라도 명풍이나 가풍이 없이 본인이 우연히 발복하는 경우가 주를 이루며 자생풍수설화의 흔적이 짙은 이야기이다. 1) 偶然發福은 풍수사의 도움 없이 좋은 자리를 잡아 성공하는 이야기이다. 2) 諧謔風水는 특별한 어떤 유형의 이야기가 아닌 해학적인 요소가 있는 이야기를 말한다.

위 표를 근거로 名風說話, 假風說話, 無風說話의 소재와 설화의 원류를 사진과 자료를 통해 알아보고자 한다.

### 1. 名風說話

名風說話는 도선을 비롯한 유명, 무명의 명풍수들의 활약담을 모은 것이다. 名風 중에는 귀신같은 혜안을 가진 풍수로부터 앞일을 예견하는 예언자적인 풍수까지 다양한 이야기가 있으나 그들도 때로는 실수하기도 한다. 또한 허한 곳을 보하는 자생풍수적인 裨補譚도 있으며 좋은 집터에 대한 이야기도 있는데 설화의 시원이 되었을 법한 설화들을 살펴보고자 한다.

1) 明堂獲地型

명당획지는 喪主나 亡者가 설화 속에서 어떻게 명당을 잡았느냐 하는데 초점을 둔 이야기이다. 명당을 얻기 위하여 이행하는 일련의 과정을 강조한 설화이다. 즉 수용자가 어떻게 명당을 획득하는가 하는 행위가 중심이 된다. 명당을 잡는 데는 다음의 5가지 유형이 있다.

(1) 동물에 의해 명당을 얻었다.
(2) 시신이 직접 명당을 잡았다.
(3) 자신이 미리 묏자리를 잡았다.
(4) 신물의 도움을 받아 명당을 얻었다.
(5) 남을 살려주고 그 대가로 명당을 얻었다.

(1) 動物得地

동물득지는 동물이 등장하여 명당을 잡아주는 역할을 한다. 명당을 얻기 위해서는 풍수사의 도움을 받아야 하는 것이 정설이지만 동물이 그 역할을 담당한다. 동물들이 명당을 지정해 주는 것이다. 종래의 설화에 비해 특이한 양상을 보여주는 사슴이 등장하는 설화를 보자.

▶ 함평이씨 선조와 사슴의 보은

함평 이씨가 산에 가서 땔나무를 갈퀴로 긁어모아 나무를 지게에 지려는데 별안간 노루가 뛰어 와, 나무속에 숨었다. 조금 지나니 포수하고 몰이꾼이 와서 노루의 행방을 물었다.

그러나 함평 이씨는 노루를 보지 못했다고 하여 노루를 위기에서 구해주었다. 포수하고 몰이꾼이 그냥 돌아가자 노루가 그 옆 어디를 파는 시늉을 하는 것이었다. 그게 무슨 의민가 하고 보니까 그곳이 산소자리가 좋다는 뜻이었다. 그래서 그곳에 산소를 쓰고 벼슬도 하고 출세도 했다.

이 이야기는 이천 서 씨의 시조라고 하는 서신일(徐神逸)의 전설과 흡사하다. 또 '선녀와 나무꾼'의 도입 부분과도 같이 동물(특히 사슴)의 報恩譚이 중요 모티프로 되어 있다. 동물을 도운 결과로 명당을 얻게 된 내용이니 적선에 따른 報恩譚이다. 선행의 결과가 있어야 좋은 땅을 차지함은 풍수사상의 기초다. 쉽게 하기 어려운 것이기도 하다. 사슴을 살려준 사람의 마음은 어머니와 같아서 구태여 풍수논리나 이론을 개입할 필요가 없이 사슴으로 하여금 보여주게 한 것이다. 이것이 자연의 이치고 본질과 직관에 의한 자생풍수의 원리인 것이다. 순수한 인간적 본능에 의하여 땅을 바라보고 자연을 바라본 순간 어머니의 품인 명당을 볼 수 있는 눈이 열린 것이다.

이러한 유형의 설화를 '동물지시형'이라고도 할 수 있다. 동물은 다시 자연과도 상통한다. 결국 자연이 인간의 선행에 감동해서 길지를 점지해 준 것이다. 중요한 사실은 궁지에 몰린 동물을 구해주고 덕을 쌓아서 동물의 도움으로 명당을 얻는 것이니, 이러한 설화에서 동물은 신이한 존재인 자연과 동일한 선상에 있다고 보아야 한다.

動物得地型에서는 동물이 풍수사 대신 명당을 지시해 준다. 피은(被恩)→보은(報恩)으로 이어지는 관계로 이것은 대자연의 일부인 동물의 神聖性과 인간의 적선과 관련이 있다 하겠다. 결국 동물득지 설화는 내용상 積善報恩설화의 구조를 堅持하고 있다.

이천에서 여주 쪽으로 가다 효양중고등학교를 지나면 왼편쪽에 이천서씨 시조 서신일의 신도비가 서있다. 신도비를 조금 지나 왼쪽 마을로 조금 들어가면 효양산으로 오르는 시멘트 포장도로가 나오는데 그 길을 따라 효양산 정상에 오르면 안온하고 너른 곳에 있는 서신일의 묘를 볼 수 있다. 경기도 이천시 부발읍 산촌리 효양산 정상에 있는 묘역 입구에 '은혜갚은 사슴이야기'라는 현판이 세워져 있다. 그 내용을 보면,

> 통일신라 말기 아간벼슬을 하던 서처사(서신일)가 조정의 권력암투에 환멸을 느껴 이곳 효양산으로 낙향하여 농사일을 하는데 화살에 맞은 사슴이 쫓겨 와 이를 숨겨주고 사냥꾼을 돌려보냈다. 그날 밤 산신이 현몽하여 사슴이 아들임을 밝히고 생명의 보은을 하겠다며 사슴이 일러 준 곳에 묘를 정하라 했다.
> 그 후 서신일이 죽고 후손으로 서필(고려 광종), 서희(고려 성종) 등 유명한 인물이 대대손손 이어졌다.

이천 서씨 시조 서신일 묘 입구 좌측에 있는 안내판

입구 쪽에서 본 서신일 묘

뒤쪽에서 바라본 이천서씨 시조 묘

신라아간서공지묘라고 쓰인 비석. 좌측 것이 원래의 비석임

서필과 서희의 묘는 경기도 여주군 산북면 후리 산 53-1에 있는데 1977년 10월 13일 경기도기념물 제36호로 지정되었다. 경기도 광주 곤지암을 지나 이포 쪽으로 가다보면 서희 선생 묘 입구라는 안내석이 나오는데 조금 더 가면 묘를 알리는 안내판 쪽 길 밑으로 재실이 있고 그 옆에 서필과 서희 선생의 신도비가 있다. 농로를 지나 전나무 숲길을 오르면 양지바른 곳에 서희 선생의 묘가 있고 그 아래 끝자락에 서필의 묘가 있다. 서희(942~998)의 묘는 998년(목종1년)조성되었는데 봉분은 부인 묘와 쌍분을 이루며 자개석으로 2단의 호석을 두른 장방형이다. 쌍분의 중앙 정면에 묘비 1기가 있고 쌍분 앞에는 상석과 장명등이 각각 1기씩 놓여 있으며, 좌우로는 문인석이 1쌍씩 배치되어 있다. 묘역은 전체적으로 계체석을 이용한 3단정제이며 고려시대 묘제의 특징을 지니고 있어 묘에 전혀 손을 대지 못한 상태로 잘 보전되어 있다.

서필선생의 묘역 쪽에서 바라본 서희 선생 묘

서희 선생의 묘 앞으로 멀리 조 안산(안산과 조산)이 보인다.

서희 선생의 묘역 아래 위치한 서필 선생의 묘

서필 선생의 묘 뒤쪽에서 바라본 조 안산의 모습

서필(좌)과 서희 선생의 신도비

▶ 文化 柳氏의 由來 – 호랑이 목에 걸린 비녀 –

　문화 유씨 시조 산소가 구월산 도신산(都神山)에 있다.
　어느 날 유씨 성 가진 사람의 아버지가 돌아가셨다. 상주는 나무를 해다 팔아 겨우 입에 풀칠을 하는 처지라 사람을 불러 산소를 쓸 형편이 못되었다. 하루는 산에서 나무를 해 후미진 산길로 오는데 큰 천근대호 (千斤大虎)가 입을 딱 벌리고 앉아 있는 것이었다. 너무 놀라 그 자리에 섰는데 호랑이가 앞발로 입을 가리키는 것이었다. 옛날 말에 범도 상주는 안 물어간다는 이야기가 있는데 입에 뭐가 걸렸나보다 하고 자세히 보니 입을 못 다물고 눈물을 흘리고 있는 것이었다. 가까이 가니 호랑이가 절을 하며 입에 뭐가 걸린 시늉을 하는 것이었다. 자세히 들여다 보니 처녀를 잡아먹다 비녀가 목에 걸린 것이었다. 상주가 호랑이 입에 손을 넣어 비녀를 잘 잡아 빼 주었다. 그러자 개처럼 꼬리를 흔들며 좋아하던 호랑이가 자꾸 등을 대며 타라는 것이었다. 호랑이 등에 타자 구월산 한 곳에 내려놓고 주저앉아 발로 한 곳을 가리키는 것이었다. 묘를 쓰라는 거냐고 하니 호랑이가 고개를 끄덕였다. 호랑이가 살려준 은혜를 갚으려고 묏자리를 잡아 준 것이었다. 그 상주가 아버지를 거기다 모시고 문화 유 씨들이 무척 잘 되었다고 한다.

　문화유씨 시조 묘는 황해도 구월산 도신산에 있다고 한다. 답산이 불가능해 경기도 성남시 수정구 복정동 산 20 안골 고개에 있는 세종조에 자헌대부 형조판서를 지낸 글씨에 능했던 문화 유씨 안숙공 유계문(1383~1445)의 묘지 사진으로 자료를 대신한다.

배 양근군 부인 문화유씨(왼쪽) 왕자 양원군(중앙) 배 문천군 부인 평양조씨 묘비 위로 안숙공 유계문 묘가 보인다.

안숙공 묘에서 바라본 조 안산

(2) 屍身得地

시신득지는 積德 報恩을 한 것을 전제로 한 설화이다. '악인에게는 명당도 없다'는 말이 있듯이 적선이나 적덕을 하였기에 본인이 죽어 명당을 차지하는 경우인 것이다. 시신득지는 죽은 자가 산자나 풍수사를 대신해서 자기가 묻힐 곳을 정한 이야기이다. 달리 보면 상주가 한 행동의 결과지만 보이지 않는 자연의 힘에 의해 정해진 자리이다. 시신을 옮기다가 움직일 수 없어 멈춘 곳의 설화로 약봉 서성의 이야기와 흡사하다.

▶ 엎드려 묻힌 명당

옛날에 부부가 아들 하나를 데리고 보따리장사를 다녔다. 그러다 영감이 병이 들어 산속에서 물을 달라니 마을로 물을 구하러 간 사이 일곱 살 먹은 아들이 골짜기에서 신발에 물을 떠다 아버지께 드렸다. 엄마가 마을에서 물을 얻어 오니 영감은 엎어져서 죽어 있었다. 연유를 물으니 아들이 물을 떠다 주니 그걸 먹고 죽어 눈에 흙 들어갈까 봐 엎어놨다는 것이었다. 그래 바로 놓으려니 꼼짝 않는 것이었다. 그래서 하는 수 없이 그곳에다 그대로 장례를 모셨다. 그리고 산을 내려와 강을 건너 영감 묻힌 곳을 바라보며 엄마가 우는데 아들이 똥이 마렵다고 하는 것이었다. 그리고 밑을 닦아 달래 물로 씻어주려니 아들이 물은 싫다고 하였다. 그래 적당한 것을 찾는데 마침 새끼줄이 조금 보이는 것이었다. 그것을 잡아당기니 많은 양의 엽전꾸러미가 딸려 나왔다. 그 돈으로 마을로 돌아가 잘 살다 영감을 바로 모시자고 하여 풍수한테 물어 이장을 하려 했다. 아들이 장성하여 풍수를 불러 그 산소를 보이니 그 자리는 복혈이라 시신을 엎어 묻어야 금시발복하고 잘 산다고 하는 것이었다. 그래서 묘를 그대로 놔두고 잘 살았다고 한다.

서성 선생의 비각 및 묘

약봉 서성 선생의 묘

뒤에서 보면 조 안산이 아파트에 가려 잘 보이지 않는다.

약봉의 부모와 조부모 묘

경기도 포천시 설운동 산 1-14에 있는 서성의 묘는 1976년 8월 27일 경기도 기념물 제35호로 지정되었다. 도로변 아주 낮은 야산에 있으며 곡장 양머리에 직사각형의 화강암이 세워져 있다. 곡장 하반부는 사괴석으로 쌓았고 상반부는 벽돌로 쌓았다. 봉분의 호석은 높고 둥글게 한후 흙을 쌓아 올렸다. 묘 앞쪽에는 묘비와 혼유석 상석이 밀집되어 있고 상석의 앞면을 경계로 좌우 곡장의 머리를 연결하였다. 상석 좌측에 묘비가 있으며 좌우에 망주석과 문인석이 각각 배열되어 있다. 봉분 앞 약 30미터 지점에 신도비가 있다. 곡장과 호석 신도비는 1968년 후손들이 신축 또는 개수한 것이다.

약봉의 묘에 대한 일화가 있다. 약봉의 아버지와 조부는 가난하게 살다가 멀리 유배지에서 약봉이 어렸을 때 죽어 눈먼 약봉의 어머니가 어린 약봉을 데리고 시신을 수습해 고향으로 가다 이곳에서 날이 저물어 노숙을 하게 되었다. 얕은 구릉위에서 자고 아침에 떠나려하니 관이 움직이질 않는 것이었다. 그리하여 그곳에 장례를 모셨다. 눈먼 며느리의 효성에 하늘이 내린 명당이었던 것이다.

약봉의 일화와 비슷한 위 설화의 내용을 간추려보면 아들이 죽은 아버지 시신을 옮길 수가 없어 그 자리에 조금 파고 묻었는데 명당이었다는 이야기다. 땅의 기를 받는 경우 풍수사에 의하면 바늘만한 틈밖에 안 된다고 한다. 망인이 풍수사의 역할을 담당하고 있는 것으로 자신의 업을 자신이 해결하고 있는 모습을 볼 수 있다. 비록 가난하지만 순수한 직관을 가지고 살았기 때문에 좋은 터를 잡아서 아들에게 복을 전해 줄 수 있었던 것이다.

이 시신득지 설화에 나타난 명당득지의 조건으로는 순수한 인간성과의 관계성이 중심이 되었다.

　설화의 주체인 망인이 제대로 자리를 잡았다는 것은 풍수상 조상의 적덕이 전제되어야 한다. 적덕의 결과로 發福을 하였다. 가난한 사람에게 걸맞은, 산소는 자연의 이치를 따르는 것이 길한 것임을 보여 준 설화이다.

　여기서는 풍수사의 역할을 아들과 시신이 함께 한 경우다. 아들은 어리지만 聰氣를 지니고 있다. 자연에 순응할 줄 아는 지라 아버지의 죽음을 순수하게 받아들였다. 순수한 눈으로 세상을 보니 땅이 보이고, 아버지를 움직일 수 없으므로 자연에 순응하여 명당을 차지하게 되는 것이다. 아이와 같은 순수한 마음으로 땅을 바라봐야 명당을 얻을 수 있다.
　시신득지의 내용을 종합해 보면 동물득지처럼 풍수사가 등장하지 않고 시신이 스스로 자신의 묏자리를 잡는 경우이다. 시신득지의 특징은 상주가 풍수사를 쓸 수 없는 어려운 경우거나 여유가 있어도 풍수를 부르지 않고 직접 묏자리를 잡는 경우이다. 이 경우 쓰러진 자리가 명당인 것이다. 스스로 좋은 곳을 찾아 가는 것은 자연의 섭리라 하겠다. 자업자득인 시신득지는 明堂效驗譚이라고 할 수 있다.
　시신득지형의 주제는 우연히 명당을 획득한 경우라도 발복할 수 있으며 인간의 순수한 마음이 자연과 교감하는 내용을 주로 다루고 있다. 다만 先代에 적덕이 있었기에 명당 얻기가 가능한 이야기라 할 수 있다.

(3) 自身得地

자신득지는 풍수가 등장하기도 하고 아니면 풍수가 自己 身後之地를 잡아 놓은 경우가 해당된다. 풍수는 평소에 자신의 감으로 명당을 알기 때문에 자신이 어느 정도 풍수에 대한 지식이 있든지 풍수사였기에 가능한 일이며 평범한 사람이라도 적덕을 하여 스스로 명당에 묻히는 경우도 있다. 그만큼 풍수상 적덕은 중요한 요소이다.

▶ 이토정보다 더 용한 토정의 조수

토정이 신후지지를 잡으러 막하 조씨하고 망산동 재를 넘어 혈을 찾아다니는데 혈이 끊어진 것 같았다. 그래 주저하고 있는데 노인이 까만 소로 논을 갈며 토정이 같이 미련한 놈이라고 하며 건너가면 좋겠다고 하는 것이었다. 산신령이 주저하는 토정에게 신후지지를 알려 준 것이었다. 그래 건너가 혈을 찾아 억새밭에 담뱃대를 꼽아 표시를 해두었다. 하산 후 저녁에 막하 조씨를 불러 혈을 찾았는지 물어보니 그렇다고 해 밤에 다시 그곳으로 가 표를 하고 오라 했다. 다음날 조씨가 혈을 찾아 표한 곳을 같이 가보니 바로 토정이 산신령의 도움으로 어렵게 잡은 곳이었다. 토정이 조씨 신후지지를 건너편에 하라 하고 자기보다 더 용한 막하 조씨와 혼인을 맺어 사돈이 되고 잘 지냈다고 한다.

自身得地의 특징은 자신이 풍수거나 평범한 사람이다. 스스로 身後之地를 잡아 그곳이 명당으로 발복하는 경우이다.

자신이 풍수로서 좋은 자리를 잡아서 후손들에게 발복하게 하는 것은 흔히 볼 수 있는 설화다. 풍수와 儒敎德目인 효는 불가분의 관계이니 자신득지형의 주제는 바로 孝이다. 이러한 효행담은 후대에 효를 주제로 한 유교적 소설의 모티프가 되었다고 할 수 있다.

토정 이지함 선생의 가족 묘

토정 이지함 선생 묘

위쪽에서 바라본 이지함 선생 가족 묘

충남 보령시 주교면 고정리 산 27-3에 있는 토정의 묘는 1992년 8월 17일 충청남도 문화재 자료 제320호로 지정되었다.

토정선생은 조선 중기(1517~1578)의 학자이며 기인으로 이름난 명현으로 본관은 한산이고 호는 토정이다. 고려말 충신 목은 이색 선생의 6대손이고, 수원판관 치의 아들이다. 보령시 청라면 장산리에서 출생하였으며 일찍이 아버지를 여의고 맏형 지번에게서 글을 배우고 이어서 화담 서경덕 문하에서 공부하였다. 천문, 지리, 의약 등에 능통하였으며, 토정비결의 저자로도 널리 알려져 있다. 벼슬하기 전 한때 마포강변의 흙집 위에 정자를 짓고 살면서 스스로 호를 토정이라 하였고 어염상고로 많은 곡식을 마련하여 어려운 사람을 도와주기도 하였다. 평생 벼슬을 사양하다가 1573년(선조6) 도덕과 학문이 뛰어난 선비로 추천되어 포천 현감이 되어서는 백성의 가난

해결을 위한 경제적 방안을 상소하였고 임진강 범람을 예언 수많은 인명을 구제하였다. 아산 현감이 되어서는 걸인청을 지어 빈민을 구제하는데 힘쓰다가 1578년(선조 11) 재임 중 서거하였다. 1686년 (숙종 12) 보령 화암서원에 주벽으로 배향되었고, 1713년(숙종 39) 이조판서에 추증되었으며 1761년(영조 37)에 문강공의 시호를 받았다. 고만에 위치한 묘역은 선생과 그의 형제와 존비속의 14기 묘소가 위치하고 있는데 선생의 학문과 전해지는 여러 일화로 인하여 명당자리로 인식되어 많은 사람들의 관심을 모으고 있는 곳이다.

(4) 神物得地

신물득지는 산신이나 北斗七星, 上帝, 白髮老人, 장승, 大洞, 童子, 도깨비 등의 도움을 받아 명당을 잡는 경우이다. 풍수설화가 異人이나 신물 또는 명풍의 도움을 받는 경우는 선대에 적덕이나 적선을 한 경우가 대부분이다. 특히 신물득지의 경우 그러한 요소가 강하다.

▶ 옥녀직금(玉女織錦) 명당

덕림골에 태조의 스승 회암공 산소가 있는데 그 산소자리 잡은 내력이다. 풍양조씨 회암공이 죽자 태조가 무학스님에게 산소자리를 찾으라 해 무학이 계룡산에서부터 답산을 하고 있었다.

그래서 덕림에 와서 혈이 맺혔는데 당최 혈을 찾으려야 찾을 수가 없었다. 그래서 산을 헤매고 돌아다니니, 옥녀가 비단 짜는 형국에는 물이 있어야 하는데 아무리 찾아도 당최 물이 보이질 않는 것이었다. 그래서 애타게 돌아다니다 기갈이 자심 해서 그 밑에 동네 덕림골이라는 마을에 내려와서 보니까 작은 오두막집에서 베 짜는 소리가 났다. 그래서 거기를 가보니까, 울타리도 없이 후줄근하게 하구 사는 집인데 조그만 아이가 마루에서 놀고 방안에서 베 짜는 소리가 나서 아이를 불러 물을 청했다. 그러자 어머니가 미련한 놈의 무학이라고 하며 백마강 물이 없어 여기까지 와서 물을 찾느냐고 하는 것이었다. 그래서 급히 다시 산으로 올라가서 보니 백마강 물이 보여 옥녀직금명당을 찾았다는 이야기다. 그것을 일러준 사람이 산신령이었다고 한다.

서고담(西皐潭)에서 바라본 송시열 조부 송귀수 선생 묘

옥녀직금 명당 송귀수 선생 묘

묘 뒤쪽에서 바라본 조 안산의 모습

경부고속도로를 타고 대전 쪽으로 향하다 청원톨게이트에서 나와 충북 청원군 문의면 문동리 방향으로 가면 왼쪽에 충청북도 지정문화재 제131호인 은진 송씨 문충공 규암 인수 선생의 묘역입구라는 흰 돌 표석이 나오고 조금 더 문의초등학교 도원분교 쪽으로 가면 오른쪽 길옆에 사헌부 지평을 지낸 송귀수 선생 가족묘가 있다. 선생의 묘 앞 문인석 옆에는 베틀에서 가장 중요한 북을 형상화한 돌이 있으며 아래쪽 나무 옆에는 베짜는 데 꼭 필요한 물을 길을 수 있는 서고담이라는 작은 연못이 있어 옥녀직금명당이라는 것을 뒷받침하고 있다.

▶ 대동(大洞)이 잡은 명당

 예전에 모자가 남의 집 머슴을 사는데 하루는 어머니가 편찮은데도 불구하고 남의 집에 품을 팔러 가게 되었다. 불편한 마음으로 일을 나갔는데 일하는 중에 어머니가 돌아가셨다. 인정 없는 주인이 일을 끝까지 시키고 나서야 저녁에 알려 주었다.
 그래서 밤에 주인이 주는 멍석에 말아 산으로 가서 모퉁이에 묻으려는데 서 씨네 묘 발치라고 묻지 말라는 소리가 들려 다시 짊어지고 얼마를 가서 묻으려니까 거긴 유 씨네 능 발치라 안 된다는 소리가 들렸다. 또 짊어지고 올라가 편편하고 웬만한 자리가 있어 거기다 묻으려니 묻으라는 소리가 들렸다.
 혼자 거길 파고 어머닐 밤새 묻어 놓고 내려와서 주인집에 가서 자고, 아침에 흙을 져다가 분묘를 만들고 동네에 정이 떨어져 충청도로 이사를 하게 되었다. 그 곳에서 열심히 살아 결혼도 하고 부자가 되어 어머니 묘를 좋은 곳으로 이장을 하려고 지관을 모시고 산소로 갔다. 그런데 산소를 본 지관이 어머니 터가 좋아 발복으로 잘 살게 되었으니 그냥 이장하지 말라는 것이었다. 그래서 치산만 하고 잘 살아 지금도 후손들이 제사를 지내러 온다는 이야기다.

경기도 광주군 중부면 엄미리 장승과 보호수

충남 아산군 송악면 외암리 민속마을 장승

한국의 자생풍수를 보면 명당의 터를 알기 쉽게 自然과 調和를 이루어 이름을 지었다. 옥녀가 비단을 짜는 곳, 단학이 알을 품고 있는 곳, 금계가 알을 품고 있는 곳, 기러기 나래 접는 곳, 거미가 알을 품는 곳, 옥녀가 단장하는 곳 등 자연과 인간에 관련하여 이름을 지어 부른다. 이런 곳에 사는 주민은 땅과 별개의 독립된 존재가 아니라 인간과 땅이 서로 교감하며 정서적으로 공존하는 인식세계를 지향하였다. 무학대사가 풍수에 밝다고 하지만 때로는 중요한 풍수의 기본을 잊을 때가 있는 것이다. 인간은 실수가 가능하지만 자연은 처음부터 그 자리에 그렇게 있어 왔다. 무학이 보지 못한 것이지 자연이 다른 곳에서 이사 온 것이 아니다. 마음이 자연과 일치했을 때 명당이 보이는 것이다. 옥녀직금의 터에서 물을 보지 못하고 있으니 옥녀가 직접 등장하여 비방을 가르쳐준 것이다.

신물득지의 특징은 적선이나 적덕한 사람을 산신이나 대동 장승 등이 나서서 명당을 잡아주는 이야기다. 산신이나 대동이 풍수사의 역할을 대신하는 것이다. 주로 신물득지형은 積德報恩 유형이나 積善報恩 유형도 상당량 분포되어 積善·積德 유형이라 할 수 있다.

積德이 명당이라는 말이 있다. 아무리 재주가 많고 看山擇地가 도인의 경지에 이르렀다고 할지라도 하늘이 길을 열어주지 않으면 아무 소용이 없다. 하늘이 길을 열어 주기를 바라면 최우선이 적덕과 적선이라고 했다.

積德人은 바로 어진 사람이다. 그것은 신물득지가 儒家의 仁 思想과 연결되어 있음을 보여준다. 신물득지는 동물득지형과 달리 신성성이 강조되어 적덕·적선의 요소가 부각된다 하겠다.

(5) 活人得地

활인득지는 많은 사람들을 도와주거나 또는 죽으려는 사람을 살리고 그 사람에게서 좋은 명당을 얻는 경우의 설화다. 이런 경우는 단순히 자기가 먹다 남은 것을 주는 것이 아니고 자신이 가진 전부를 주고 그 복을 후대에 받는 이야기가 많다. 가산이 기운 사람이 돈 삼천 냥을 얻어오다 죽으려는 사람에게 전부를 주고 후에 복을 받는 형식이다. 적덕과 적선이 명당을 얻을 수 있는 중요한 단서가 된다는 것을 보여주는 설화다. 명당을 구함에 적선이 없으면 불가능하다고 보는 것이 종래의 풍수관이다. 속설에 남향의 집에서 살려면 삼대에 걸친 적덕을 해야 한다는 말이 있다. 그만큼 좋은 터의 집을 얻기가 어렵다는 말이다. 삼대의 적덕과 적선만이 좋은 땅을 차지할 수 있다는 것을 반증한다.

▶ 16대 조상의 공덕으로 부통령이 된 김성수(金性洙)

울산 김씨 16대 조상이 쌀장사를 했는데 쌀 3백석을 가지고 흉년이 든 하동으로 갔다. 주막에 들었는데 주인이 부잣집에 가서 술이나 하자고 해 그곳에 갔다. 부자가 생일이라 매년 동네잔치를 한다는 것이다. 그래 부잣집 생일잔치에 가니 동네 사람 삼백 명 정도가 모였는데 하나도 즐거워하지 않는 것이었다. 그 이유를 물으니 춘궁기를 넘기려면 쌀이 삼백 석은 있어야 하는데 삼백 석은 고사하고 삼십 석도 없어 오늘 먹으면 앞날이 캄캄하다는 것이었다. 이런 사정을 들은 쌀장사가 쌀 삼백 석을 쾌척하고 즐겁게 놀다가 자리를 파하게 되었다. 그런데 그해 보리도 풍년이 들고 가을 추곡도 풍년이 들어 쌀을 이자까지 쳐서 모아놓고 쌀장사를 기다리는데 오지 않았다. 그렇게 6,7년이 가니 모은 쌀이 천석이 넘었는데도 안 오니 그 사람이 죽은 줄 알고 생사당을 지었다. 그 후 10년이 지나고 20년이 지나도 안 오는데 쌀은 불어 만석이 넘은 것이다. 한편 쌀장사는 자기 돈만 가지고 쌀을 산 게 아니고 동네사람들 한테 돈을 빌려 쌀을 샀던 것이다. 그래서 쌀장사는 고향에 돌아와 풍랑을 만나서 파선을 해 돈이 없다고 해 동네사람들한테 진 빚을 갚기 위해 집과 재산을 팔아 정리를 하고 상처를 했다. 할 수 없이 머슴살이를 했는데 한 20년쯤 지나 그 아들이 열일곱 살 때 죽었다. 그래 아들이 출상을 하려고 하는데 지나던 중이 산지를 구해줄 테니 시신을 지고 따르라 해 스님을 따라 나섰다. 저녁에 울산서 하동을 가 사당 밑에 암장을 하고 들키면 이실직고를 하라하고 스님은 사라졌다. 그래 그 아들이 밤에 몰래 암장을 하고 새벽에 나오다 들켜 마을 부잣집에 붙잡혀 가게 되었다. 그래 자초지종을 이야기 하니 바로 찾던 사당의 주인이 그 자리에 묻힌 것이다. 그래 사당을 없애고 그곳에 쌀장사 묘를 잘 만들고 치산을 잘 한 것이다. 그리고 그 아들은 동네에서 맡아났던 만석이 넘는 쌀로 장가도 들고 부자로 살았다. 그런데 그 자리가 좋아 16대 후에 영의정이 나는 자리라 16대 후에 인촌 선생이 나왔다는 이야기다.

인촌의 묘는 경기도 남양주시 화도읍 답내리 금남저수지 못 미쳐 좌측 산에 있는데 당대 최고의 역학과 풍수를 한 지창룡이 잡았다고 한다. 새로 난 중앙고속도로를 통해 서울로 오다보면 오른쪽으로 둥근 섬모양의 묘역 모습이 보인다.

인촌 김성수 선생의 묘

묘 초입에 자연석이 있는 인촌의 묘

호랑이 받침돌
위에 있는
인촌의 비석

   활인득지 설화의 특징은 한결같이 적선을 해야 좋은 땅을 얻을 수 있다는 것이다. 명당을 얻기 위해서는 지극한 정성을 들이고, 그런 후에야 다손지지를 얻거나 명당을 얻어 복록을 누릴 수 있다. 위 이야기는 울산에서 하동으로 쌀 삼백 석을 팔러 갔던 김성수씨 16대조가 춘궁기에 보릿고개를 넘길 수 없어 걱정하는 마을 사람 삼백 명을 위해 그 쌀 전부를 내어준다. 집에 와 배가 파손하여 그리 됐다고 하고 상처 후 머슴살이를 하다 죽으니 그 아들이 중의 도움으로 아버지의 生祠堂이 있는 곳에 아버지의 묘를 다시 써서 후손이 발복한 경우의 이야기다. 다른 설화에도 적덕과 적선이 없으면 길지를 찾기 힘들다는 내용이 주를 이루고 있다. 때에 따라서는 10년간

공을 들이고, 수년 동안 풍수사를 만나기 위해 정성을 들이고, 끈질기게 쫓아가서 부탁을 해야 명당을 先占할 수 있다고 했다. 또 죽으려는 사람을 살리면 명당을 얻는데 큰 효험이 있다고 한다.

명풍설화 중 明堂獲地型의 의미와 분류를 통해 설화를 살펴본 결과 명풍의 역할이 주로 부각되었다. 動物得地에서는 적선보은 유형의 보은설화가 중심이었고, 屍身得地는 순수한 인간성과 명당과의 관계성이 중심인 적덕보은 유형이었으며, 自身得地는 적덕이 전제된 적덕보은 유형이며, 神物得地는 儒敎的 仁 思想의 표출로 설화문학에 儒敎的 사상이 내재되어 있는 적선·적덕유형이고, 活人得地는 적선담이었음을 알 수 있었다.

2) 明堂破損型

명당파손형은 명당을 사기로 얻는 이야기와 혈이나 맥을 자른 이야기 그리고 잘못 쓴 명당에 관한 이야기이다. 명당은 일단 한 번 사용하면 파손되는 것이기 때문에 쓸 때 신중을 기하게 마련이다. 명당 사취의 경우 명당을 빼앗는 경우이기 때문에 명당의 파손개념으로 보았고 단혈단맥의 경우도 대개 명당파손담이며 잘못 쓴 명당은 대표적인 명당 파손담이다.

(1) 明堂詐取

명당 사취는 명당을 엿듣고 몰래 빼앗아 쓰는 유형의 설화이다. 첩이 풍수인 남편을 졸라 신후지지를 알아낸 다음 그 자리를 다른 사람에게 주는 이야기도 여기에 속한다.

의외로 속고 속이는 이야기가 많을 것 같지만 풍수설화는 권선징악적이고 교훈적인 이야기가 많다보니 이런 類의 이야기는 그리 많지 않다.

▶ 신후지지 빼앗긴 박상의(朴相義)

공주군 계룡면에 장계 정씨가 많이 사는데 하루는 정씨 한 분이 박상의라는 명사를 만나려고 여러 번 들락날락해도 만나기가 어려웠다. 자주 드나들다보니 박상의 소실하고 연통이 되었던 것이다. 하루는 서울서 돌아온 박상의한테 소실이 울면서 신후지지를 알려 달라니 피하다 어쩔 수 없이 그 자리를 일러 주었다. 괘를 열어 지도를 보여주니 박상의가 서울 간 사이 소실이 정씨에게 그 자리를 보여 주었다. 나무하러 다니며 항시 봤던 자리라 정씨는 그 자리에 묘를 쓰기로 했다. 그런데 그 자리는 괘등(掛燈)이라 광중 머리 쪽에서 물이 똑똑 떨어지는 것이었다. 정씨는 그게 기름구멍인 줄 모르고 흙으로 막고 묘를 썼다. 그래서 자손은 많은데 큰 인물은 나지 않는다는 이야기다.

明堂詐取와 明堂爭取는 의미상 차이가 있어서 별도의 항을 마련하였다. 자신의 복록을 위해 사기를 치는 의미가 강하기 때문에 사취라고 하였다. 이러한 설화는 다른 것에도 나타난다. 내용면에 있어서 살펴보면 詐取한 사람이 정승까지 올라가는 등 성공한 사례가 보인다. 명당을 얻기 위하여 남을 우롱하는듯하지만 자신을 위해서는 진취적인 면을 보이는 경향이 있다. 어떻게 해서든지 좋은 결실을 맺고자 하는 것이다. 그렇다고 해서 명당에서 다 발복한 것은 아니다. 남의 묘를 파헤친다든가, 절취의 행위가 강하다든가 할 때 결과가 바람직하지 못하게 나타난다. 명당사취 시 福剝奪形 등이 유형화되어 나타난다. 이러한 내용만으로 볼 때 명당사취는 한국의 전형적인 自生風水와는 거리가 멀다. 자생풍수의 멋이 땅과의 조화에 있는데,

적선과 적덕이 함께 했을 때 적절한 효과가 나타나게 된다. 그럼에도 불구하고 욕망에 사로잡혀 명당을 구한 것인데 결과가 좋다는 것은 명당의 기가 그만큼 강하게 작용한다는 것이다. 한국인이라고 해서 반드시 한국의 자생풍수만을 신봉하는 것은 아니다. 자생풍수와 더불어 중국에서 전래된 풍수도 있고, 민간신앙처럼 되어버린 미신적 풍수도 있다.

(2) 斷穴斷脈

단혈단맥은 우리나라에 명산이 많아 인재가 많이 나고 명장이 날까봐 그 싹을 잘라버리기 위해 혈이나 맥을 끊은 경우의 이야기다. 흔히 등장하는 주인공이 李如松이지만 중국 사람이 우리나라 혈을 끊은 경우의 이야기와 일제가 쇠말뚝을 박은 경우, 그리고 우리나라 사람들에 의하여 행해진 단혈단맥 이야기 중에 후자의 경우가 많다. 우리의 명산을 우리 손으로 훼손한 이야기이다. 혈맥은 한 번 끊어지면 다시 살리는데 많은 세월이 필요한데 자신들의 이익을 위하여 이러한 행동을 주저하지 않았다.

▶ 지석묘와 마귀할멈

지석묘가 생긴 유래에 관한 설화이다. 어릴 적 들은 얘기로 중국에 힘센 마귀할머니가 있었는데 중국의 황제가 머리가 아픈데 그 원인이 고려산에 있는 오연지에 있는 금붕어 때문이라는 진단을 받았다. 금붕어가 놀고 있는데, 그 금붕어가 대국의 천자를 향해서 꼬리를 흔들면 대국의 천자가 골치를 아파한다는 이야기다. 그리고 금붕어가 꼬리를 또 다른 방향으로 돌리면 괜찮다는 것이다. 그래서 그 금붕어를 잡아 죽이려고 힘이 센 마귀할머니가 투입되었는데 명산을 찾고 또 찾다가 정말 고려산이 있어 가 보니 연못이 있는데, 다섯 가지 연꽃이 피었고, 과연 금붕어가 놀고 있었다. 그걸 잡아 죽이기 위해, 우선 쇳물을 끓여 부었다. 그리고 쇳물을 끓여 붓고 연못이 마르니까 그곳에 브이(V)자 〔로마자의 V자를 뜻함.〕 쇠말뚝을 해서 박았다. 고려의 산맥을 끊어 다시 뽑지 못하도록. 그래 마귀할멈이 장수를 내보내서 동방에 큰 돌로 산맥마다 지져 놓았다는 이야기다. 그래 마귀할머닌데, 그 마귀할머니가 힘이 얼마나 장사인가하면, 현재 있는 돌을 머리에 이고, 양손에다 끼고 사타구니에다 끼고, 그러니깐 하나, 둘, 셋, 넷, 네 개를 끼고 그리고는 뛰었다 한다. 뛰었는데 머리에 인거하고 겨드랑이에 낀 거하고, 가랑이 사이에 낀 건 떨어졌다. 그 떨어진 것은 주워서 여기에 갖다 놨다. 그래서 여기에 지석묘가 있게 됐다.

이천시 신둔면 수하리 76-2에 있는 지석리 지석묘

성남시 분당구 수내동 중앙공원 지석묘

서울특별시 광진구 능동 18 어린이대공원 내 유강원 문화유적

고종황제와 명성황후의 홍릉

유릉의 석물들

서울시 유형문화제 제134호인 유강원 문화유적은 광무 9년(1905)에 조성한 대한제국 제2대 황제 순종의 황후 순명효황후 민씨의 능이었던 옛 유강원 터에 남아있던 석조물들이다.

순종이 즉위하기 전 광무 8년(1904)에 승하하여 이곳에 모시고 유강원이라 하였다.

융희원년(1907) 순종이 즉위하면서 순명효황후로 추증하고 유강원을 유릉으로 승격시켰다. 1926년 순종이 승하하고 경기도 남양주시 금곡동 산 141-1에 위치한 홍릉 왼쪽 언덕에 순명효황후도 그곳으로 옮겨 순종과 함께 모셔짐으로써 이곳에는 석조물들만 남게 되었다.

홍릉은 고종황제와 명성황후의 능인데 사실상의 황제의 능인데도 불구하고 왕릉에도 못 미치는 자리라는 말과 화려한 외양에 비해 위엄도 없고 묏자리도 흙을 돋우어 만들어서 제자리를 잡지 못한 것으로 알려져 있다. 풍수에 관심 있는 사람들이 눈속임으로 단혈단맥한 현장을 보기 위하여 많이 찾는 능이다.

유릉은 조선의 마지막 황제 순종과 순명효황후 민씨, 계비 순정효황후 윤씨가 묻힌 곳이다. 능은 왕릉에도 못 미치는듯한데 정자각과 석물들이 바로 능 앞을 가로막는다. 답답하다. 사진에 있는 석물들을 비교해보면 알 수 있지만 유강원의 석물들도 자연스러움이 부족하고 유릉의 석물들 역시 숫자는 화려하고 많은데 비해 모습이 자연스럽지 못하고 조잡하기까지 하다.

일본의 지배하에 만들어진 능으로 우리에게 남겨진 잘못된 역사의 현장인 것이다.

조선시대에는 피장자의 신분에 따라 능은 왕과 왕비, 원은 왕세자·왕세자 비 및 왕의 종친, 묘는 사대부 및 일반 서인(庶人)의 무덤으로 구분하였다.

사람들은 단혈단맥을 해도 세월이 흐르면 기운이 다시 살아난다고 믿었다. 이러한 유형의 설화는 외세의 침략과 관련이 깊다. 일제의 강점으로 단혈단맥한 것이 많고, 이여송의 구원병이 구원하기보다는 조선의 맥을 끊는데 관심이 있었음을 밝히고 있다. 한국의 지리적 조건이 반도로 되어 있어서 외세의 침입에 개방되어 있다. 북으로는 중국의 침략이 있었고, 남쪽에서는 일본이 수시로 침범하여 괴롭혔다. 그런 와중에 풍수에 관심 있는 외국인들이 한국의 수려한 정기를 끊으려고 한 것이다. 한국의 풍수에 관한 최초의 實傳하는 저서도 일본인이 쓴 『朝鮮의 風水』[46]라는 것은 시사하는 바가 크다. 우리나라의 민속과 풍수에 관한 저술이 일본인에게서 비롯되었다는 것도 부끄러운 일이지만 이들이 왜 한국의 풍수를 연구하였는가 하는 것은 의미 있는 일이다. 한국의 풍수를 연구해서 혈을 끊고 맥을 끊어 한국인의 질을 낮추겠다는 의지의 표출이다. 내용은 객관적이라고 하지만 결과론적으로 볼 때 그들의 의도대로 한국인의 혈을 끊었다는 것은 자명하다.

단혈단맥은 異民族의 침략과 관계가 깊고 애국 애족의 고취가 주제로 집약되어 있다. 단혈단맥형은 민족의 흥망과 관련하여 민중적 의지가 담긴 發福慾望이 나타난다.

---

[46] 村山智順(무라야마 지쥰)이 1931년에 양기와 음택에 관한 한국 풍수 전반에 걸쳐 실례를 곁들여 비교적 상세히 적어 놓았다. 객관성이 높은 자료로 인정하고 있다.

(3) 잘못 쓴 明堂

잘못 쓴 명당은 지리에 밝은 명풍 南師古도 실수하여 자기 부모 묘를 九遷十葬하고도 명당에 쓰지 못하고 포기하는 이야기를 비롯해 가재혈은 흙이 붉어야 하는데 검어 상주가 운이 없다거나, 명당혈을 잘못 잡아 엉뚱한 곳에 묘를 썼다가 이장하는 이야기 등 주로 누구나 범할 수 있는 실수로 인한 잘못 쓴 명당에 대한 이야기다. 여기서는 도선을 비롯한 명풍 南師古 뿐 아니라 인간은 누구나 실수를 할 수 있다는 내용을 담고 있다.

감사의 묘

앞의 나무가 좋은 조 안산을 가려 답답하다. 밭에서 일하던 농부의 말로는 이 묘의 후손들이 재미를 보았다고 한다. 송파신도시로 인하여 이장이 불가피하다고 하니 안타까울 따름이다. 어쨌든 이장을 하는 것은 안 하느니만 못하다는 말이 있으나 더 좋은 자리로의 면례도 불가능한 것만은 아닐 것이다.

고양시 야산에 있는 돌보지 않는 묘의 상석만이 휑하다.

판교신도시로 인해 이장 안내판이 붙은 묵은 산소군

### ▶ 복 없어 명당 못 구한 남사고

남사고(南師古)라는 명지사가 있었는데 부모 친산을 모시고 아홉 번 옮겼다. 열 번째 옮기는데 구룡쟁주형 명당이었다. 그런데 지나는 노인이 구천십장 남사고야 고사괘목(枯蛇掛木)을 하부지(何不知)냐는 소리가 들려 깜짝 놀라 뒤를 돌아보니 죽은 뱀이 나무에 걸린 형상이었다. 그래 그 고을 원으로 구대 당숙 남구만이가 와 작은 부자는 될 테니 그만하면 됐다고 더 옮기기를 그만두었다는 이야기다. 그래 아무리 명사라도 복이 있어야지 복 없으면 애써봐야 소용없다는 이야기다.

남사고는 유명한 풍수다. 그런 사람이 구천십장을 한다는 것은 이해하기 힘든 일이다. 이것은 자신의 터를 잡는다는 것이 어렵다는 말이다. 안개에 눈이 가리고, 욕심에 마음이 가려져서 그런 것이다. 남사고의 이야기 원문을 보면 다음과 같다.

일찍이 그 부친의 장례를 하기 위하여 길지를 구할 때에 이미 땅에 묻어 놓고 보면 반드시 좋지 못한 기운이 감도는 것이라. 이런 까닭으로 여러 번 옮기다 최종적으로 한 곳을 찾아보니 비룡이 승천하는 격이었다. 크게 기뻐하여 이장을 하는데, 한 역정이 흙을 지고 축대를 쌓으며 노래하기를 "아홉 번 옮기고 열 번을 이장한 남사고야, 비룡승천만 여기지 마라. 말라 죽은 뱀이 나무에 걸린 격이란다" 하거늘 남사고가 듣고 크게 놀라 산형을 다시 살펴보니 과연 죽은 용의 형세라 급히 일꾼을 찾으니 홀연히 보이지 않거늘 남사고가 탄식하여 말하길 "땅마다 따로 주인이 있으니 힘으로 도달키는 어려운 일이로다." 하고 드디어 그냥 해가 없을 만한 땅에 이장했더라.[47]

라고 하였다. 자신의 부친 산소 자리를 정하기 위하여 구천십장까지

---

47) 崔昌祚, 전게서, p.20(필자 번역).

하였지만 결국은 죽은 뱀이 나뭇가지에 걸려 있는 산형을 용이 승천하는 것으로 잘못 보았다는 것이다. 명당자리는 들어갈 운명이 따로 있다는 뜻이다. 풍수지리와 풍수사의 한계를 말하고 있다. 부모의 유해를 편안하게 모시려는 것은 유가의 기본 덕목이다. 그렇지 않으면 벌을 받으리라는 강압적인 내용도 있다. 주자의 말에 "葬은 藏이니 그 조상들의 유체를 갈무리(藏)하는 것이다. 자손으로서 그 조상의 유체를 장사지낼 때는 반드시 삼가고 공경하는 마음으로 행해야 할 것이니, 그래야 안전하고 튼튼한 오랜 계책이 되는 것이다. 혹 장택이 부정하여 땅이 불기하면 반드시 물, 벌레, 바람 등으로 인한 해를 받아 형신을 불안케 하고 자손이 사망하거나 絶滅의 걱정이 따를 것이니 심히 두렵고 꺼릴 일이다."48)라고 하였다. 이렇게 반강압적인 교육이 이루어졌기 때문에 유가를 배운 사람들은 부모의 유택을 찾음에 간절할 수밖에 없다. 지나치게 간절한 마음은 눈을 흐리게 하고, 그로 말미암아 유명한 풍수 모친의 유택을 얻는 데 실패한 경우가 자주 발생하였다. 이것은 명당을 얻는 것이 어렵다는 것의 표현이며 인간의 욕망이 명당을 얻는데 큰 걸림돌이 되고 있음을 밝힌 것이다. 잘못 쓴 명당 유형은 적선·적덕 없이 총기나 안목으로 발복 받기 어려우며 사사로운 욕심은 명당을 얻을 수 없다는 교훈이 드러난다.

명풍설화 중 명당파손형의 의미와 분류를 통해 설화를 살펴본 결과 명당에 대한 내용이 주로 부각되었다. 명당사취는 積惡을 한 경우 복을 받을 수 없다는 복박탈형의 설화였으며, 단혈단맥은 애국

---

48) 상게서, p.21.(필자 재번역).

애족적 민중의지가 담긴 발복욕망형 설화이고, 잘못 쓴 명당은 사사
로운 욕심이나 적선·적덕 없이는 명당을 구하기 어렵다는 明堂求難
型 설화이다.

3) 明堂發福型

살아 있는 사람이 복을 받는다는 것은 명당을 통해서 발복하겠다
는 기본적인 신념이다. 불안하고 불만족한 현실을 명당을 통해 극복
하고자 하는 의지의 표상이다. 이러한 관념을 집중적으로 표현한
이야기가 바로 明堂發福型의 설화이다. 주로 결과론에 치중한 면이
강하고 타인의 삶에 명당의 효력을 강조하기 위한 덧칠이 심하다.
구비전승 되면서 청자의 입맛에 맞춘 흔적이 많다. 명당발복형의
설화는 굉장히 많은 비중을 차지하는데 今時發福, 明堂爭取, 明堂
緬禮, 明堂名風, 死者生孫之地, 陽宅明堂이 있다.

명당발복은 선조들이 가지고 있는 희망의 한 산물이다. 명당을
얻기 위하여 초분을 하고 작게는 며칠에서 길게는 수삼년을 구산하러
다닌다. 이것은 명당을 얻기 위한 노력이 곧 나와 후손의 복이라는
신념에서 비롯된다. 그러므로 명당을 얻기 위한 노력이 치열하며
그로 인한 발복이 매우 중요한 비중을 차지하는 것이다. 어려운 사람
은 금시발복을 자식이 없는 사람은 사자생손지지를 구하는 설화로
일반 대중들의 어려움을 해결해주는 극적인 이야기가 이에 속한다.

(1) 今時發福

명당을 쓰고 나서 발복을 얻기까지의 소요되는 시간은 일정하지
않다. 순간에서 많은 세대가 지나서야 발복하는 경우가 있고 하관도
하기 전에 발복하는 경우도 있다. 이러한 설화의 모티프는 미래의

발복은 의미가 없고 현실의 고난에서 빨리 벗어나는 것에서 시작한다. 주로 가난한 총각이나 홀아비 등으로 대변되는 주인공들은 당대나 현재가 모두 불행한 사람들이므로 미래의 발복이 큰 의미가 없다. 오리혀 현실의 포기와 도피로 이어지기 쉽다. 그러므로 금시발복은 명당을 쓰기 전 복을 받거나 또는 쓰거나 쓰고 난 후 당대에 받는 이야기들이다.

▶ 오시하관에 사시발복

조실부모한 총각 하나가 남의 밥 얻어먹고 다니며 커서 이제는 삼십이 됐는데 아직 장가도 못 가고 젊은 과부집에서 머슴을 십오년 째 살고 있었다. 과부와 총각은 남매저럼 가깝게 지내는데 어느 가을 날 과부가 떡을 해 줘 잔뜩 먹고 이튿날 밥 생각도 없어 도시락을 싸 나무를 하러 갔다. 점심때가 지났는데 허기진 지관 하나가 지나다 총각의 도시락을 발견하였다. 그걸 얻어먹으려고 총각한테 사정을 하니 자기도 점심을 안 먹었으나 대신 잡수시라는 것이었다. 그걸 먹고 배가 불러 은혜를 갚으려고 총각을 따라온 지관은 과부가 해주는 저녁상을 총각과 겸상으로 받아 잘 먹었다. 총각이 이집 머슴이라는 전후사정을 안 지관은 아무렇게나 쓴 총각의 부모 묏자리를 다시 잡아주기로 하였다.

면례할 자리는 당대에 오백석 하는 오시하관에 사시발복 할 자리였다. 면례 때 일할 사람과 음식이 걱정이라 주인에게 말하니 음식을 해주겠다는 것이었다. 그래 동네에 가 일꾼을 구하니 삼십여명이 와 일을 해주었다. 묏자리를 다 파 놓고 일꾼들이 내려가기 뭣하니 총각한테 점심을 가지고 오라고 했다. 점심을 가지러 오니 주인댁이 땀을 뻘뻘 흘리며 일을 하다 반가워하며 방에 불이나 때라는 것이었다. 불을 때니 주인이 시집가기도 어렵고하니 같이 살자는 것이었다. 그래 사양하다 부부가 되기로 하였다.

그래 하관을 오시에 할 건데 사시에 이미 발복을 한 것이다. 그래서 총각은 오백석 부자 되고 그 아들은 정승이 되었다.

이 이야기에 나타난 주인공 역시 아무 것도 없는 총각이다. 이러한 사람이 미래에 복을 받는 것은 아무 의미가 없다. 그러므로 금시에 발복할 수 있는 땅을 원했던 것이고, 보조자(지관)가 그러한 땅을 정해준 것이다. 이때에 중요한 것은 어떻게 그 땅을 획득하였는가 하는 문제가 아니라 명당을 획득한 후 얼마나 발복하였는가 하는 것이다. 그래서 명당을 얻기까지의 이야기보다는 얻은 후에 발복한 내용이 더 장황하게 전개된다.

이 이야기에서 흥미를 끄는 것은 주인공 남자와 여자의 만남이 자연스럽게 이루어지고 있다는 것이다. 상호간에 필요한 것을 갖추고 있고, 그것이 함께 살 수 있는 좋은 계기를 만들어주고 있다. 상호 결핍이 상호 충족으로 변모하는 것으로 파악할 수 있다. 이른바 상호보완적인 작용을 하면서 고충을 해결하는 양상을 띤다.

금시발복 설화는 금시발복이 일어나는 것인데, 금시발복이 필요한 사람은 가난하거나, 머슴인 경우가 많으며 이들이 발복하는 내용은 부자가 되는 것이다. 부자가 되는 방법은 과부인 주인 여자와 머슴이나 총각이 묘를 쓰고 결혼을 하게 되는 경우이다. 이 모두가 신분을 뛰어 넘는 결혼에 의해서 가난한 사람이 부자가 되는 경우인데 총각이라는 사실과 과부지만 부자라는 조건이 상쇄되어 이루어지는 이야기다. 대체로 풍수설화는 당대나 금시발복보다 적선·적덕에 의한 후손들의 발복에 그 초점이 맞춰져 있으나 금시발복은 가난한 사람들을 위한 설화이다 보니 시간이 빠르면 빠를수록 좋은 명당인 것이다. 또 가난한 사람이나 머슴이 벼슬을 한들 불합리하고 실현가능성도 없는 것이기 때문에 부자로 설화를 마무리하는 것이다. 그러므로 이러한 유형의 설화는 민간설화의 부류에 속하는 흥미본위의 유형이다. 명당의 효험에 초점을 맞추고 있다. 금시발복유형은 설화 중 전설요소가 강하여 증거물과 교훈성이 중시된다. 그 때문에 적덕·적선과 명당과의 관계성을 금시발복이라는 가시적 복을 매개로 하여 선행, 효행, 용기 등의 교훈성이 부각되는 孝行勸獎譚이라 하겠다.

(2) 明堂爭取

明堂獲地型과 明堂奪取型은 근본적인 입장이 다르다. 전술한 바와 같이 획지의 경우는 적선과 적덕을 통해 얻게 되는 경우가 많지만 탈취의 경우는 비도덕적인 행위가 바탕에 깔려 있다. 억지로 빼앗는 경우가 있고, 몰래 매장하는 경우가 있어서 이것들을 합하여 '爭取'라는 표현을 사용하였다. 매장에 대한 관념이 유달리 강한 민족이기에 명당쟁취에 관한 이야기는 많다. 기지를 발휘해서 빼앗는 경우도 있고, 주인 몰래 훔쳐 쓰기도 하고, 갖은 수단을 동원하여 남의 자리를 차지하고 있는 것을 볼 수 있다. 이런 일들이 비일비재하게 있었기에 설화로 명맥을 유지하는 것이다. 명당을 쟁취했다고 해서 반드시 발복하는 것만은 아니다. 기지를 발휘해서 빼앗은 경우 때로는 발화하기도 한다. 물론 발복하는 경우도 있지만 상황에 따라 변화한다. 이것은 묏자리의 주인공 여하에 달려 있다고 볼 수 있다.

명당쟁취는 설화 중에서 가장 진취적이고 도발적인 이야기들이다. 가난하기 때문에 명풍을 만나기 어려워서 명풍을 찾아 어렵게 명당을 획득하는 이야기다. 이 설화에서 많이 등장하는 인물이 元斗杓다.

▶ 원두표 이야기

북내면에 사는 원두표란 사람이 형제인데 부상(父喪)을 당했다. 그 당시는 돌아가신 분 빈소(殯所)를 해놓고 몇 달을 산지(山地)를 구하느라고 그렇게 보내는데 동생(원두표)이 명사를 데려다 산소를 쓰려고 형에게 얘기하고 집을 나섰다. 집이 가난한 처지라 명사를 부를 형편이 아닌데 길을 나선 것이다. 어렵게 말 한 필을 빌려가지고 박상의를 찾아갔다. 그리고 원주판관께서 상을 당해 지관을 모시러 온 것처럼 하고 박상의를 말에 태워 강원도 원주에서 왔다 하고 길을 나섰다. 가다가 북내면 숲에 와 지관을 내리라 하고는 나무에다 매달아 버렸다. 지관은 어쩔 수 없이 봉변을 당하고 말았다. 집에 가서 이 사실을 말하고 박상의를 형이 풀어주게 한다. 형이 박상의를 풀어주자 그는 죽다 살아난 고마움에 산소자리를 잡아 주겠다고 한다. 형을 데리고 산에 올라가서 보니까 산자리가 좋아 정승 판서가 날 자린데 형을 보니 영 정승 판서 재목이 아니었다. 그래도 죽다 살아나 은혜에 보답하고자 정승 날 자리를 잡아 하관을 하게 됐는데 자기를 나무에 매달았던 원두표가 곡을 하며 올라오는 것이었다. 보니 그 사람이 정승 재목이었다. 그 후 원두표가 광화문을 깨고 들어가 반정에 성공하고 정승이 되었다는 이야기다.

마을 입구에서 바라다 본 원호 장군과 원두표 선생의 묘

원호 장군과 원두표 선생 신도비

원두표 선생 묘 뒤가 원호 장군 묘

원두표 선생 묘역 뒤쪽에서 바라본 조 안산 모습

경기도 여주군 북내면 장암리 산 1-6에 있다. 장암리에서 마을쪽으로 들어가면 원호장군 묘역을 알리는 표지판이 보인다. 원두표 선생의 묘는 향토유적 제1호로 지정되었다.

원두표(1593~1661) 선생은 조선중기의 문인으로 자는 자건 호는 탄수, 탄옹 시호가 충익이다. 본관은 원주 원계군 유남의 아들이며 일명 도끼정승이라고도 불린다. 박지계의 문하생으로 1623년 인조반정 때 공을 세워 정사공신 2등이 되고 원평부원군에 봉해졌으며 인조2년(1624) 이괄의 난 후 전주부윤을 거쳐 나주목사, 전라도관찰사 등을 지내며 민휼과 군병양성에 힘썼다. 인조14년(1636) 병자호란 때 어영부사로써 남한산성을 지켰고 이어 형조판서 강화부유수 경상도관찰사 호조판서를 역임했다. 효종2년(1651) 좌찬성 좌참찬 효종5년(1654) 병조판서가 되어 대동법실시에 반대했다.

효종 7년(1656) 우의정 현종 3년(1662) 좌의정에 올라 내의원과 도제조사를 겸직했다. 시호는 충익이다.

묘는 원래 영평(현 포천)에 썼다가 현종 8년(1667) 이곳에 이장한 것으로 부인 삭령 최씨와 합장되었다. 묘 앞에는 옥계를 얹은 대리석 묘비(1709년 세움)와 상석 향로석 좌우에는 망주석과 문인석이 설비되어 있다. 묘역 30미터 지점 아래 위치한 신도비는 장방형 비좌와 팔작지붕형 옥개를 갖추고 있으며 높이 35미터 폭 90센치미터 두께 50센치미터의 규모이다. 비문은 김원행이 찬했고 이의중 서 민진원 전으로 되어 있다.

▶ 세종대왕 능 이야기

　세종대왕 능을 광주에 모셨는데 거기가 좋지를 않으니 천장을 하려고 하는데 세종의 능자리에 광주 이씨 하고 성주 이씨하고 두 분네 묘가 그곳에 있었다. 광주 이씨한테 지관이 재실을 짓지 말라고 했는데 부자가 되고 권세도 있으니 재실을 크게 지었다. 그 때 세종대왕 능 천장을 위해 돌아다니던 지관이 별안간 소낙비가 오니까 재실 밑에서 비를 피한 후 비가 그친 다음 보니까 산소자리가 좋았다. 그래 광주 이씨와 성주 이씨를 불러 세종대왕 능을 써야 하니 연을 날려 산자리를 잡으라 했다. 그래서 연을 띄워 성주 이씨네 연은 연남리에 가서 떨어져 거기다 모시고, 광주 이씨는 이인손이라는 사람이 아들 오형제를 두었는데 아들 셋이 벼슬을 하고 손자 아홉이 다 벼슬을 하고 있었다. 이인손 씨네 연은 능서면 신지리에 떨어져 그리로 옮겨 예종 2년에 산소를 옮겼다 한다.

英陵은 조선조 제 4대 세종대왕과 왕비 소헌왕후를 모신 합장릉으로 세종대왕은 한글을 창제하신 우리 역사장 가장 뛰어난 성군으로 그 위상에 걸 맞는 자리에 모셔져 있다.

경기도 여주군 능서면 왕대리에 있다.

전면에서 바라본 영릉(英陵)

연못 쪽에서 바라본 영릉

세종대왕의 묘역 입구를 알리는 홍살문

왕릉의 입구에서 제일 먼저 만나는 문으로 방문자에게 단정한 옷차림과 마음가짐을 갖도록 주위를 환기시키는 의미의 표시다.

홍살문은 궁정, 관아, 능, 묘, 원 등의 앞에 세우던 붉은 색을 칠한 나무문으로 홍정문 홍문이라고도 한다.
9미터 이상의 둥근기둥 두개를 세우고 위에는 지붕이 없이 화살모양의 나무를 나란히 박아 놓고 가운데에는 태극문양이 있다.

경기도 기념물 제53호로 경기도 수원시 팔달구 이의동에 있는 안효공의 묘다. 심온(1375~1418)선생의 자는 중옥이며 조선초기의 문신이다. 고려말 11세 때에 진사가 되고 문과에 급제 후 태종11년(1411) 대사헌, 14년(1414)호조. 이조판서를 거쳐 세종이 즉위하자 영의정에 올랐다. 명나라 사신으로 갔다 옥사로 의주에서 피체되고 수원에서 사사되었다가 문종(1450~1452) 때 복관되었다.

세종의 부원군인 안효공 심온의 묘

▶ 명당 쓰고 번창한 한산 이씨

토정비결을 지은 이지함은 한산 이씨다. 토정비결도 지었지만 지리에도 밝았다.

한산 이씨 조상이 서울에서 내려온 원 밑에서 아전 일을 하였는데 원도 지리에 밝은 사람이었다. 그래 한산 아사(衙舍)터를 보니 금계포란(金鷄抱卵) 명당이란 것을 알았다. 원님이 한밤중에 그 곳이 명당인지 알아보려고 계란 세 개를 동헌마루 밑에다 묻었다. 그것을 본 통인이 곧달걀로 바꿔치기를 해 놓았다. 다음날 그것도 모르는 원님은 자신이 자리를 잘못 보았구나 하며 다시 보니 금계포란형이 맞는데 이상하다고 생각하고 넘어갔다. 몇 해를 그렇게 지내고 왕의 부름으로 서울 내직으로 벼슬을 옮겨 그곳을 떠나게 되었다. 원이 서울로 가자 이 통인이 계란을 밤중에 마루 밑에 갖다 묻었지만 울지를 않았다. 그래서 원으로 있던 상전댁을 찾아가 사정을 이야기 했다. 이야기를 들은 원은 죽을 죄를 지었다는 통인을 용서하고 네가 그 명당 주인이다 하며 계란에다 공자를 써서 묻으라고 일러 주었다.

그래 며칠을 유하다 와서 계란 세 개에다 호장공이라고 써서 묻으니까 한밤중에 닭 울음소리가 났다. 그래서 거기다 조상의 묘를 쓰고 목은(牧隱), 월남(月南), 토정(土亭) 등 현인을 많이 배출했다.

경기도 성남시 분당구 수내동 산1-2 분당 중앙공원 내에 한산이씨 호장공파(봉화공파) 묘역이 있다. 정남향 묘역에서 중앙공원 광장이 잘 내려다보이는 위치에 토정 이지함의 조부로 봉화현감을 지낸 한원군 이장윤의 묘가 있다. 그 오른쪽 남동향으로 이경류의 묘와 애마총 그리고 그의 배인 안동 권씨 묘가 있다. 그 위아래로도 한산이씨 묘들이 줄지어 있다. 중앙공원은 한산 이씨 사패지로 수십 기의 묘들이 각 방향으로 있으며 산이 낮고 넓어 기체조, 테니스, 배드민턴, 걷기 등 현재 성남시민의 휴식처로 많은 시민이 찾는 명소다. 중앙광장 좌측으로 한산 이씨 가옥이 있고 조금 더 좌측으로 가면 비각이 있는데 이장윤, 이질, 이지숙의 유사를 기록한 '한산이씨 삼세이하유사비'를 비롯하여 이증 신도비, 이정룡 신도비, 이경류 정려비가 나란히 세워져 있다.

이증 신도비, 한산이씨 삼세 유세비, 이정룡 신도비, 이경류 정려비

이경류 정려비 忠臣宣敎郞守 兵曹佐郞 李慶流之閭

토정의 조부 이장윤 묘

중앙공원 호수 쪽에서 바라본 이장윤 묘

이경류와 부인 안동권씨 그리고 말무덤

이경류 묘에서 바라보이는 안산

한산 이씨 묘역

수내동 가옥
경기도 문화재자료 78호로 경기도 성남시 분당구 수내동 84에
위치한 조선후기에 건립된 살림집

경기도 성남시 분당구 수내동 산1-2에 있는 한산 이씨 호장공파(봉화공파) 묘역은 경기도 기념물 제 116호로 조선중기의 문인이자 이색의 4대손인 이장윤(1445~1528)과 그 후손이 묻힌 한산 이씨 묘역으로서 너덧말이란 한산 이씨 집성촌이며 뒷산이었던 영장산(뒷뫼) 일대에 조성되어 있다. 이곳은 임금이 신하 또는 종친에게 내리는 사패지이다. 이증(1525~1600)은 정여립의 모반을 다스려 공을 세웠고 좌참찬에 이르렀으며 이경류(1564~1592)는 임진왜란 때 상주전투에서 순절하였고 사망 후 도승지로 추증되었다.

묘는 주로 부인과 합장되어 있고 조선조 삼학사 중의 한사람인 홍익한의 아들 홍수원의 묘가 부인 한산이씨와 합장되어 있고 이경류의 애마무덤이 함께 있는 것이 특징이다. 이 묘역은 16세기 초부터 18세기 초까지 오랜 기간 동안 조성되어 왔기 때문에 묘제 및 석물양식의 변화를 살펴볼 수 있는 중요한 가치가 있는 곳이다.

### 이증 신도비

이증(1525~1600)은 고려 성리학자인 목은 이색의 7대손이며 이지숙의 차남. 호는 북애. 선조때 문신으로 선조 22년(1589) 정여립의 모반사건을 평정한 공으로 평난공신 3등에 책훈되어 아천군에 책봉되었으며 영의정 아천부원군에 추증되었다. 시호는 의간이다. 비는 숙종 21년(1695)에 건립되었으며 비문은 정두경이 짓고, 이진휴가 쓰고 윤덕준이 전액했다. 공원관리소 오른쪽에 부조묘가 있다.

### 한산 이씨 삼세 유세비

고려성리학자인 목은 이색의 4대손인 봉화현감 한원군 장윤(1455~1528) 그의 아들 한성군 이질(1473~1560) 손자인 종묘서령 한평군 지숙(1525~1561) 등 3세의 유사비이다. 영조 4년(1728)에 건립되었으며 비문은 후손인 병연이 짓고 병건이 썼다.

**이정룡 신도비**

이정룡(1627~1689)은 조선후기 문신으로 목은 이색의 14대손이며 이경류의 손자로 김제군수를 역임했으며 이조참판에 증직되었다. 묘는 공원 남향묘역에 위치하고 있다. 비문은 이의현이 짓고 김진상이 쓰고 홍현보가 전액하였다.

**이경류 정려비**

이경류(1564~1592)는 아천군 이증의 4남으로 선조 25년(1592) 임진왜란 때 병조좌랑으로 상주전투에서 전사하였다. 도승지에 증직되었으며 영조 3년(1727)에 서훈이 추서되고 정조 16년(1792)에는 왕의 어필 현액이 하사되어 건립되었다. 이 정려비는 칠을 하지 않은 나무에 충신선교랑수 병조좌랑 이경류지려라는 글을 새겨 화강암으로 틀을 만들어 세웠다.

▶ 건원능과 딴능

　태조 이성계가 한양에 도읍을 하고 난 연후에 자기가 죽어서 묻힐 자리를 찾으러 다니는데, 남재 정승하고 태조대왕하고 같이 자리를 잡기로 했다. 태조대왕이 여기 화접리(花蝶里) 딴능 자리를 잡고, 남정승은 동구능(東九陵) 건원능(建元陵) 자릴 잡았는데, 두 곳을 비교해 보니까, 이성계가 잡은 자리가 남정승 자리만 못했다. 그래 이성계가 자리를 바꿔달라니 딴능 자리는 역적이 나는 자리라고 했다. 그 이유는 금계포란형(金鷄抱卵型)이라, 닭이 알을 품고 앉았는데, 닭을 한 배를 까면 장닭 수탉 한 놈이 있다. 그 놈이 왕이기 때문이라고 하자 태조가 역적이 나도 씨족을 멸하지 않기로 기록을 해 놓고 바꾸자고 해 바꾸게 되었다. 그렇게 바꿔 준 후 두 분이 한 날 한 시에 죽었다. 그래 건원능과 딴능이 십리사인데 시계가 불편해 줄을 맬 때 하관시를 맞추었다. 그래서 주흘내(注乙川)란 마을이 줄을 흔들고 시계를 맞췄다고 해서 생겼다.
　이성계는 함경도 함흥 사람이라 달(억새풀의 일종)을 묘에 입혀달라고 해 함경도에서 건원릉까지 천리를 사람이 늘어서 개다리소반에 달을 한 장씩 떠다가 잔디 대신 입혔다 한다. 그런데 지금은 그 달이 변해서 다른 풀이 나있다고 한다. 그리고 딴능 남정승네 산소는 왜 "백두산석은 마도진(白頭山石磨刀盡)이요" 하는 남이(南怡) 장군이 남정승네 직손(直孫)인데, 워낙 출중(出衆)한 인물이라 남이 장군 한 분이 역적으로 몰렸다. 의령 남씨 사패지지(賜牌之地)가 딴능인데 아래로 내려가면 벌판에 요렇게 산이 하나 있는데 따로 뚝 떨어져. 저 불암산(佛岩山)에서 뚝 떨어져 내려와서 따로 떨어졌다고 그래서 딴능이라고 했단다.

설화의 근원인 건원릉은 경기도 구리시 인창동 산 2-1에 있는 동구릉과 경기도 남양주시 별내면 화접리에 있는 남재의 능이다. 동구릉은 태조의 건원릉부터 경릉(제24대 헌종, 비 효현왕후 김씨, 계비 효정왕후 홍씨)까지 9릉 17위의 왕과 왕후릉이 안장되어 있다. 동구릉이라 명명된 것은 철종 6년(1855) 8월 26일에 수릉(추존 문조, 순조의 장남)을 9번째로 모신 이후부터이다. 동구릉에 있는 건원릉이 태조 이성계의 능인데 태조는 이자춘(추존 환조)과 의혜왕후 최씨 사이의 2남으로 탄생하였다. 위화도에서 회군한 후 1392년 7월 16일 개성 수창궁에서 왕위에 올랐다. 이듬해 2월에는 국호를 조선이라 하고 1394년 10월 도읍을 한양으로 옮겼다. 태조 7년(1398) 8월 1차 왕자의 난으로 같은 해 9월 5일 둘째 아들 방과(정종)에게 왕위를 물려주고 상왕이 되고 1400년 11월 13일 방원(태종)이 즉위하자 태상왕이 되었다. 태종 8년(1408) 5월 24일 창덕궁에서 8남5녀를 남기고 춘추 74세로 승하하여 같은 해 9월 9일 이곳에 모셔졌다.

봉분 위의 무성한 억새풀은 태조가 죽기 전 고향 함흥을 잊지 못하고 억새풀로 봉분을 덮어달라는 유언 때문인데 설화에서 이 사실을 뒷받침해주고 있다.

동구릉 입구에 있는 조선 태조 고황제 시비

登白雲峰(등백운봉)

引手攀蘿上碧峰(인수반라상벽봉)
一庵高臥白雲中(일암고와백운중)
若將眼界爲吾土(약장안계위오토)
楚越江南豈不容(초월강남기불용)

손에 닿는 새삼 넌출 부여잡고
푸른 봉우리에 오르니
암자 하나 흰 구름 속에
높다랗게 누워 있네.
만약 눈에 닿는 대로
내 땅이라 한다면
초나라 월나라의 강남인들
내 어찌 마다하겠나.

홍살문에서 바라본 건원능

건원능 전면

뒤편에서 바라본 건원릉 안산

고향인 함경도를 그리워하는 태조의 유언에 따라
잔디 대신 억새풀을 심은 태조의 건원릉

남재 선생의 아버지 남을번의 묘

남재 선생 묘에서 바라본 안산의 모습

남재 선생 묘 뒤편으로 멀리 불암산이 보인다.

남재 선생의 묘는 사전에 예약을 해야 관람이 가능하다. 석물을 도난당하고 난 후 철망을 쳐놓았기 때문이다.

경기도 문화재자료 제114호인 남재의 묘는 경기도 남양주시 별내면 화접리 282-7에 있다.

태조와 각별했던 남재는 태조의 신후지지인 이곳에 왔다가 자신의 자리가 근처에 있고 좋은 자리임을 자랑하니 태조가 가보기를 원했다. 태조가 보고 정말 좋은 자리라며 칭찬을 아끼지 않고 바꾸기를 원했다. 남재가 왕이 쓰려던 자리는 역적이 난다는 걱정을 하니 태조가 역적이 나더라도 당사자만 문제 삼겠다는 약속을 해 자리를 바꾸게 되었다. 태조는 무척 기뻐하여 근심을 덜었다는 뜻의 망우리를 넘었는데 훗날 남재의 우려대로 남이가 역적으로 몰렸다. 태조의 약속대로 남이장군만 처벌을 받았는데 그 후 남재의 능을 왕릉이 되지 못한 다른 능의 뜻인 딴능으로 불리게 되었다 한다.

남이섬에 있는 남이장군 묘

뒤에서 바라본 모습

강원도 춘천시 남산면 방하리 198번지 남이섬 전경

남이장군 추모비

南怡장군은 세종 23년 계유, 서기 1441년에 출생하여 17세의 나이로 무과에 장원급제, 1467년 이시애의 난을 평정하여 25세에 공조판서와 병조판서를 역임하다가 유자광의 모함으로 1468년(예종1년) 11월 2일 겨우 26세의 나이에 억울하게 돌아가셨다. 1818년(순조 18년) 관작이 복구되었으며 시호는 충무이다.

남이장군 추모비의 전문을 보면

멀리 금강산 만폭동 물과 오대산 북쪽 골물이 합하여 소양강 新淵江이 되어 가평고을 동남쪽으로 흘러내리니 이것이 북한강이요 맑고 푸른 물이 유유히 흐르며 두 갈래로 갈라졌다 합하면서 오랜 세월을 거쳐오는 사이 한 모래언덕을 이루니 이것이 남이섬인데 동쪽에는 寒德山 서쪽에는 佛岐山 앞에는 굽이도는 강줄기로 그림 같은 산수 속에 휩싸인 아름다운 섬이 어찌 우연히 생긴 것이랴. 언제부터 남이섬이라 불렀던지는 문헌상으로 고증할 길 없으나 옛 지도에 남도라 적혀 있음을 알 수 있고 또 이곳에 굳이 분묘가 있어 남이장군의 무덤이라 전해오는 것도 그의 비참한 최후를 헤아려보면 그 같은 추정이 가능할 것도 같다. 그러나 역사란 오래 지나면 정확한 것이 흐려지기도 하고 아닌 것이 그릇 전하기도 하여 뒷세상에 미혹을 끼치는 수가 많은 법이라 내가 여기서 가벼이 단정하려는 것은 아니거니와 다만 옛날부터 그렇게 전하고 믿어온 것만은 그 또한 기이한 인연이 아닐 수 없다. 남이장군의 본관은 의령이요 선산군 暉의 손자이며 태종대왕의 외증손자로서 세종 23년 신유 서기 1441년에 태어났는데 나면서부터 천품이 뛰어나고 체격이 장대하여 장차 장수의 재목이 될 것을 기약했고 당시의 재상 권람의 넷째사위가 되었으며 나이 17세에 무과에 장원으로 급제하니 이는 우리 역사상 참으로 드물게 보는 일이요 그로 인하여 세조의 특별한 총애를 받았다. 그는 이같이 절륜한 용기를 가졌더니 세조 13년 서기 1467년에 길주사람 會寧府使 이시애가 함경도에서 반란을 일으키자 그해 8월에 절도사 許悰 등 여러 장수들을 보내어 반역자들을 토평케 했을 때 가장 혁혁한 공로를 세운 이가 바로 남이장군이었고 9월에 압록강 상류지대 건주위의 여진족들이 국경을 침범하므로 우리장수들이 나가 추장 이만주를 죽이고 그들을 무찔렀는데 그 때에도 으뜸 공로를 세운 이가 장군이라 敵愾功臣號를 내리고 우리역사상 가장 젊은 나이로 공조판서와 병조판서가 되었었다. 그가 오랑캐를 무찌르고 회군하면서 시를 읊었는데 白頭山石磨刀盡 豆滿江水飮馬無 男兒二十未平國 後世誰稱大丈夫라하니 번역하면 백두산 돌은 칼 갈아 없애고 두만강 물은 말 먹여 말리리. 사나이 스무살에 나라평정 못하면 뒷날 그 누가 대장부라 하리오 이 같은 시를 읊은 영웅이건만 운명이 기구하여 세조 다음 예종이 즉위한 뒤 간신 유자광의 모함을 입어 반역죄로 고문을 받은 끝에 원통하게 처형되며 내 나이 겨우 이십칠 세라 가석하다 한 말이 왕조실록에 적혔거니와 때는 서기 1468년 10월 27일이요 그같이 죽었으므로 이 섬에 버린 듯이 묻혔던 지도 모르거니 그런 것을 따지기보다 여기서 옛 영웅 사모하는 일이야 못할까보냐 그러므로 오백년 뒤에 와서나마 이 묘역을 정화하고 그 외로운 영혼을 위로해드리는 것이 우리들로서 할 만한 일이기도 하거니와 더욱이 이곳 남이섬이야말로 십삼만 칠천여 평이나 되는 넓은 땅에 천연기념물인 망개나무 등 십여 종의 희귀식물을 비롯하여 이백삼십 여 종류의 수목들이 절로 나기도 하고 심기도 하여 거의 자연생태에 가까운 숲을 이루어 좋은 교단이 되어 있을 뿐 아니라 아름다운 풍경이 마치 한 폭의 산수화 같고 공기조차 공해 없이 맑아 많은 사람들이 거리의 먼지를 벗어나 끊임없이 찾아오는 데라 국토자연을 아끼고 역사전통을 사랑하는 정신도장이 되기에 적당하므로 정화사업이 뜻있는 일임을 믿고 못내 기뻐하는 바이다.

남이장군 돌아가신지 오백구년 되는 1977년 10월 27일
노산 이은상 글을 짓고 일중 김충현 글씨를 쓰고 경춘개발주식회사 대표이사 민병도 비를 세우다.

명당을 억지로 차지했지만 결국은 발복을 하였다. 그것도 후손에게서 일어난 것이 아니라 당대에 발복했으니 명당을 쟁취할 만 하다고 청자는 생각할 것이다. 설화는 청자와 바로 연결이 되기 때문에 즉석에서 답이 나와야 하는 특징이 있다. 원두표는 꾀를 발휘해서 명당을 얻었고, 정승까지 되었으니 명당쟁취형의 대표적인 인물이라 하겠다.

　　설화 속에는 도저히 명풍을 불러 장례를 치를 수 없는 상황에서 풍수와 싸워서라도 명당을 얻어 발복하고자 하는 가난한 양반들의 염원이 들어 있는 것도 많다. 명당을 얻기 위하여 풍수를 속여 묶었다 풀어주는 위장된 덕을 쌓아서라도 상승하고자 하는 진취적인 기상이 엿보이는 장군에게 어울리는 이야기다.

　　정승판서가 되면 부도 따르니 좋은 풍수를 불러 좋은 자리를 마련할 수 있는 위치가 되므로 거기까지 가기 위하여 다소 무리한 방법을 동원하는 것이다. 그 외에도 지위를 이용하여 힘들이지 않고 명당을 바꾸는 이야기와 주인을 속여 명당을 차지하는 이야기 등이 있다. 이것은 누구나 명문이 되기 위한 가치관을 내포하고 있는 인간 본연의 욕구를 보여주는 설화이다. 積善 후 당사자나 후손이 발복하는 名門慾求譚이라 할 수 있다.

　　명당쟁취형도 금시발복형과 마찬가지로 흥미본위의 민담유형이다. 흥미로운 서사가 구전의 요건이었다.

(3) 明堂緬禮

　　명당면례는 더 좋은 복을 받기 위한 인간의 욕구를 반영한 설화로 더 좋은 명당으로의 면례를 뜻한다. 장례를 못 모시고 있다가 명당을 잡아 장례를 모시는 이야기도 이 설화에 넣었다. 명당으로의 면례도 어려운 사람을 도와주고 성취되는 경우가 대부분이다.

▶ 명당 덕에 양반이 된 조광조(趙光祖) 조부

    조(趙) 아무개란 착한 사람이 나이 삼십이 넘도록 장가도 못가고 남의 집살이를 하며 살았다. 하루는 산에서 나무를 해 지고 오다가 보니 선비 하나가 거의 아사직전으로 누워 있었다. 나무와 그 선비를 번갈아 져 집으로 데리고 왔다. 주인마님께 얘기를 해 누른 밥을 얻어 끓여 먹이니 의식을 찾았다. 사흘 동안 장에 가서 김과 조기를 사다가 대접을 잘 했다.
    풍수였던 선비는 산소를 잘못 써 그렇다며 답례로 묏자리를 잡아준다고 하였다. 손도 끊어질 판이라 조 아무개는 선비가 일러주는 대로 하기로 하였다.
    동네에서 큰 느티나무에 돌을 쌓아 간수를 잘 하는데 그 느티나무 밑이 천하대지로 삼정승(三政丞)이 나는 자리니 구덩이를 파라고 하는 것이었다. 그래 한 밤중에 나가서 구덩이를 송장 들어갈 만큼 팠더니 이튿날 동네가 발칵 뒤집혀 그곳을 다시 묻고 빗자루로 깨끗이 쓸어놓았다. 그러자 자기 부모 묘에서 뼈를 추려 좌향을 잡아 사람 없을 때 다시 느티나무 밑을 파고 이장을 했다. 봉분은 못하고 그 자리를 빗자루로 쓸어 놓았다. 그럭저럭 세월이 10수 년 흐르니 서울구경이 하고 싶어져서 서울로 가다가 안동부사(安東府使)로 내려오는 굉장한 행차를 만났다. 그래 어떻게 이 좋은 벼슬을 하는지 물어보니 잔다리 밟으라 하므로 그곳이 어딘지 물으니 남산 안에 가면 돌다리가 있다고 알려주는 것이었다. 그래 남산에 가 돌다리를 며칠째 오락가락하며 밟고 있는데 김정승 아들하고, 이정승 딸하고 눈이 맞아 야반도주해 도망을 갈 판인데 어떤 늙은 총각이 잔다리를 왔다 갔다 하는 것 이었다. 그래 들켜 지키는 사람이라고 착각한 정승 딸은 집으로 들어갔다. 그리고 한 자시(子時)쯤 됐는데 명주배필 하나가 확 넘어와 잡아당기라고 하니 조 아무개가 잡아당기니 시골로 가자는 처자 목소리가 들려 말에 태워 시골로 한참을 내려오다 쉬자고 해 멈추어 섰다. 보니 김정승 딸이 시켜 노복을 따라온 폭인데 일이 어긋난 것이었다. 그래 자초지종을 전부 다 들은 정승 딸이 조 아무개가 쓸 만하니 어떻게 할 수 없어 냉수 떠 놓고 결혼식을 하였다.

회덕(懷德)에서 첫날밤을 보내고 더 내려가야 안전하다고 김천(金泉)으로 내려갔다. (그전에는 김천이 金陵郡이었다.) 들이 참 좋고 해서 개령 선산 중간 쯤 내려가 보니 선산이 그냥 사람 살 만한 고을이 돼 그곳에 방을 정하고 주막집 주인한테 땅을 사겠다고 하여 마침 선산부사가 땅을 팔려고 내 논 이천석지기를 가져온 금은보화를 주고 샀다. 주막집 주인도 마름으로 앉혔다.

그래서 자식을 셋 두었는데 양반의 법도와 글공부를 시켜서 천자(千字) 떼고 동몽선습(童蒙先習)을 읽어 통감(洞鑑)까지는 가르쳤다. 그리고 편지를 한 장 써서 조 아무개 편에 아버지한테 보낸 것이다. 그럴듯하게 차려입은 사위가 가져온 편지에 호랑이한테 물려간 것을 사위가 구해줬다고 딸이 적어 보낸 것이었다.

사위에게 고마워하며 부인과 아들 삼형제를 불렀는데 하나는 상시관(上試官)이고, 하나는 중시관(中試官)이며, 하나는 훈련대장이었다. 전후사정 이야기 듣고 매부의 고향이 전라도 광주라 하니 딸이 있던 방을 치워 거기서 유숙을 하였다. 그 전에는 광주목사(光州牧使)나 군수는 대과급제 안 해도 나간다고 했다. 음덕(蔭德)으로 나가고 부사만은 음덕으론 못 나가고 대과(大科)해야만 나가니 광주에서 양반을 만들자 하고 부자와 사위가 협의를 하였다.

그리하여 광주 목사가 조 아무개를 이방을 시켜 오라니 거꾸로 목사보고 오라는 것이었다. 그때 칙사(勅使)로 왔던 김정승 아들이 매형이라며 아는 체를 하니 칙사는 판서이상 벼슬아치가 내려오는데 광주목사도 못하게 생겼으니 목사도 절을 했다. 그리고 조 아무개를 서울로 데려가 광주목사를 시켜 내려 보내니 어떻게 선치(善治)를 했던지 여자가 한

거지만 상소 덕에 내직(內職)으로 올라가게 되었다. 그 뒤 아들이 벼슬을 하고 그 손자가 조광조(趙光祖)로 양반가문이 되었다.

경기도 기념물 제169호로 용인시 상현동 산 55-1에 있는 조선중기 사림의 중심인물로 정치개혁을 주도한 조광조(1482~1519)의 묘이다. 조광조는 성리학 연구에 힘써 김종직의 학통을 이은 사림파의 영수로 인정받고 있다. 조광조는 중종 5년(1510)생원, 진사시에 합격 성균관에 들어가 공부하였다. 1506년 중종반정 이후 훈구파의 권력 독점으로 사회적 모순이 심화되고 있어 정치적 개혁이 요구되고 있던 상황에서 중종의 두터운 신임을 얻은 조광조는 왕도정치의 실현을 역설하면서 급진적인 개혁을 단행하였다. 그의 개혁정치는 고려시대부터 내려오는 조선시대의 풍습과 사상을 유교식으로 바꾸어 놓으려는 것이었다. 그러나 훈구파의 강력한 반발로 새로운 정치질서를 이루려던 계획은 실패하고 탄핵을 받아 유배되었다가 죽임을 당했다. 그 뒤 선조 초에 신원되어 영의정에 추증되고 문묘에 제향되었다. 선조 38년(1605)에는 그의 묘소 아래에 있는 심곡서원에 봉안되었다. 이이는 김굉필, 정여창, 이언적 등과 함께 그를 동방사현이라 불렀다. 조광조의 묘역은 선조 때 만들어져 현재가지 원형 그대로 잘 보전되어 있다. 봉분은 부인 이씨와 합장묘이며, 묘비와 영혼이 나와 제사를 받는 혼유석과 상석이 각 1기씩 있고 문인석과 망주석이 각 2기씩 갖추어져 있다. 묘역의 아래에는 이산해가 글을 쓴 선조 18년(1585)에 세워진 신도비가 있다.

정암 조광조 선생 신도비

문정공 정암 조광조 선생 묘

묘 뒤쪽에서 바라본 전방의 모습

정암 조광조 선생과 학포 양팽손 선생의 위패가 봉안된 심곡서원

경기도 유형문화제 제7호로 용인시 수지구 상현동 203-2에 있는 深谷書院(심곡서원)은 중종 때의 문신인 정암 조광조(1482~1519) 선생을 기리기 위하여 건립된 서원이다. 조광조선생의 묘소가 이곳에 있기 때문에 일찍부터 서원을 세우기 위한 논의가 있었으나 재력이 부족하여 포은 정몽주선생을 제향 하는 충렬서원에 입향 하였다가 선조38년(1605) 위패를 옮겨오게 되었다. 효종 원년(1650)에 서원이 건립되어 그해에 심곡이라는 賜額<사액 : 임금이 사당이나 서원 등에 이름을 지어 그것을 새긴 偏額(편액)>을 받았다. 양팽손을 추가 배향하였으며 대원군의 서원철폐 당시에도 존속한 47개 서원중 하나이다. 조광조 선생은 연산군 때의 폭정을 개혁하기 위하여 중종에 의하여 등용된 인물로 향약보급운동, 반정공신위훈삭제, 현량과 실시 등 각종 개혁정책을 추진하였다. 그러나 개혁의 내용이 급진적이어서 훈구대신들이었던 남곤·심정 등의 정치적 반란이라 할 수 있는 기묘사화가 일어났다. 이 사화로 선생은 전라도 능주로 유배되었다가 그곳에서 죽임을 당하였다. 선조 초에 신원되어 영의정으로 추증되고 광해군 2년(1610)에 문묘에 종사되었으며 전국의 많은 서원과 사당에 제향 되었다. 심곡서원 전면에는 홍살문이 있고 경사지에 외삼문, 일소당, 내삼문, 사우, 장서각으로 이루어져 있으며 사우는 지붕 좌우에 방풍판을 달고 겹처마로 되어 있다. 일소당(강당)은 원내의 여러 행사 및 유림의 회합과 학문의 강론 장소로 사용되고 있다. 서원에는 매년 2월 中丁에 향사를 지내고 있으며 제품은 4변 4두이다. 선생의 묘소는 심곡서원 맞은편 좌측 야산에 있다.

**靜庵 趙先生 辭世之絶句**(정암 조선생 사세지절구)

　　愛君如愛父　임금을 섬겨 사랑하기를 아버지처럼 사랑 하였고

憂國如憂家　나라 걱정하기를 내 가속 걱정하듯 하였다
白日臨下土　밝은 태양 대지를 밝혀주니
昭昭照丹衷　내 정성어린 마음 훤히 비춰 지네

▶ 충무공 산소 유래

　충무공(忠武公)산소를 중국의 부사춘이라는 사람이 여기서 한 십리 가량 되는 저 설화산 꼭대기다 잡았다. 그 선산에 모시려고 인제 자기가 생시에도 해전을 하느라고 일평생을 지냈으니 죽어서 온양 읍내에 있는 뒷산을 택해 온양 읍내 뒷산을 잡았으나 그 때는 묘를 쓰면 그 밑에 있는 관사를 전부 헐어야 되었다. 그러니 민폐가 많아 안 되겠다. 그래서 할 수 없이 음봉면 삼거리 안동네 소꼴 앞에다 산소를 잡았다. 충무공 산소를 거기다 모셨는데 부사춘이 죽은 뒤에 백 칠십 년 후에 박상이라는 명사가 나타났다. 그 묘를 쓰고 삼 대를 청상과부만 나니 아들도 못 낳고 해서 집이 재변이 났으니 그 박상이란 명사를 데려다 봤다. 그래 박상이가 보니까 못 쓰는 자리였다. 그래 파묘(破墓)를 해야 된다고 현재의 자리에다 모시려고 자리를 잡고 광중을 짓고 파묘를 해보니 묻었던 석편이 나왔는데 '요마 박상이 차묘천장(此墓遷葬)'이라고 써 있었다. 백 칠십 년 뒤에 박상이가 나와서 옮길 것까지 알았답니다.
　그래서 지금의 자리는 박상이 소점으로 삼거리 그 위라고 한다.

　사적 제155호인 현충사는 충무공 이순신 장군의 영정을 모신 사당이다. 충무공이 순국하신지 108년이 지난 숙종 32년(1706)에 공의 얼을 기리기 위하여 사당을 세웠으며, 한동안 일제의 탄압으로 퇴락된 것을 온겨레의 성금을 모아 1932년 증건하였고, 1966~1974년에는 본전, 유물관, 고택 등을 증건하고 조경공사를 하여 오늘의 경관을 갖추게 되었다. 매년 4월 28일 충무공 탄신기념행사를 거행하고 있으며, 공의 묘소는 아산온천 방향으로 약 9km 떨어진 음봉 삼거리 어라산에 위치하고 있다.

아산 현충사 전경

이충무공 생가

충무공 묘 전면

안산의 모습

이면 공의 묘

안산의 모습

▶ 윤보선 선조 묘지 전설

　윤보선씨 고조 할아버지가 짚신장사를 했다. 아주 퍽 가난해 움막 속에서 아들들 내외와 사는 데 더운 여름에 팔 짚신을 삼고 앉았는데 어떤 중 하나가 찾아왔다.

　배가 고파 죽겠다는 중을 어려운 가운데에 먹을 것을 주고 아프다니 약도 해주고 조금도 불편해하지 않고 극진히 대접했다. 그러자 병이 얼추 다 나았는데 은혜를 갚기 위해 선조 산소자리나 보아주겠다는 제안을 했다. 패철을 찬 지관인 스님을 친산으로 데려가니 면례할 것을 말하였다. 그 면례한 자리는 왕후장상이 즐비하게 나는 자리라고 하였다. 그래서 그 자리로 면례를 하였다. 그 후 명당 발복으로 명인이 나는데 윤치영이 나고 윤보선 대통령이 나왔다.

해평 윤씨 비각

윤득실 묘

뒤에서 바라본 안산

윤보선 대통령 묘

뒤에서 바라본 조 안산

윤치영 묘

비룡승천형 명당이라 선영 입구부터 묘역
곳곳에 용설란이 심어져 있다

우리나라에는 원래 洗骨葬이라는 풍습이 있다. 양지바른 곳에 시신을 안치했다가 적당한 기간이 지나면 시신이 잘 썩었는지 확인하고 유골을 수습하여 더 좋은 곳에 매장을 하는 풍습을 말한다. 그런 연유로 해서 면례하는 것이 그리 이상한 일이 아니었다. 풍수지리가 좋은 곳이 있으면 언제든지 자리를 바꿔서 이장할 수 있는 사고를 지닌 민족이다. 면례의 풍속이 있고, 후손에 대한 발복의 기원이 다른 민족에 비해 강하기 때문에 九遷十葬한 남사고의 설화가 인구에 회자되고 있는 것이다.

사람은 누구나 좋은 자리를 가지려 하고 명당을 차지하려 한다. 그런데 더 좋은 명당이 있으면 그곳으로 면례하고자 하는 마음을 갖는다. 유교적 이데올로기와 관련되어 명당면례는 종친 가문 등의 가족문화와 연결된다. 그러므로 후손의 발복을 중심으로 이야기가 진행된다. 명당면례는 가문에 대한 욕망이 내재되어 있다.

(4) 明堂名風

명당명풍수에 대한 이야기는 풍수설화 가운데 가장 많은 비중을 차지한다. 사실상 명당획지에 있는 많은 설화나 명당발복에 관한 이야기도 명풍설화의 범주에 포함시킬 수 있다. 그러나 어떤 특별한 목적이 없는 단순한 명풍에 대한 이야기나 명당에 관한 이야기도 명당명풍으로 분류하였다.

▶ 고씨네 유래

예전에 전라도 어디에 고씨라는 사람이 있었는데 혼자 살다가 죽어 동네에서 어디 갖다 묻을 데가 없어서 밭두렁 옆에다 묘를 썼다. 밭임자가 묘 앞에서 밥을 먹다가 생각해보니 그 고씨가 잘 하고 살았는데 불쌍하게 죽어서 안 되었다. 그래 밥을 떠 던지면서 "에이 고씨네" 하며 좀 먹어보라고 말했다.

그런 이후로 그 사람이 잘 되었다. 그것이 전래가 되어 지금 와서 밥 먹기 전에 한술 떠버리면서 "고시래"라고 한다.

이 묘는 고수레 설화에 등장하는 묘처럼 밭 가운데에 있다. 경기도 여주군 흥천면 외사리에 있다.

어린 시절을 시골에서 자란 나는 조부께서 고수레하는 모습을 많이 보며 자랐다. 당시 내가 사는 곳이 성남시가 되는 전후시기여서 그때까지도 농사를 주업으로 하였다. 점심도 할머니께서 직접 밭으로 내오셨다.

최남선은 조선상식에서 고시레, 고사, 굿을 같은 어원으로 보아 작은 의례를 고시레라고 하고, 고사는 중간 크기의 굿에 해당하는 의례라고 하였다. 즉, 장구를 울리고 무악을 갖추어 춤을 추는 것이 굿이라면, 고사는 그보다 작은 규모인 것이다. 또 한국민속문화대사전에 보면 '고시레'는 들놀이·산놀이·뱃놀이 갔을 때 사람들이 먹기 전에 자리 밖에 음식을 떠놓는 민간신앙 행위를 말한다. '고시레, 고수례, 고시네, 고시레, 고시내, 고씨네'라고도 불린다. 이것은 그 근방을 다스리는 지신이나 수신에게 먼저 인사를 드리고 무사히 잔치를 치르게 해 달라고 기원하는 것이다. 이는 첫 수확한 곡식을 지신에게 바치듯 첫 술의 공희적 제의 구조를 뜻한다. 또는 근처의 잡귀들에게 '너희들도 먹고 물러가라'는 잡귀 추방의 주술적인 의미도 포함되어있는 행위이다. 고시래에 대한 어원적 전설로서 다음과 같은 이야기가 전해지고 있다. 한편『규원사화』에 의하면 고시는 단군조선시대에 농사와 가축을 관장하던 신장의 이름으로 그가 죽은 후에도 음식을 먹을 때에는 그에게 먼저 음식을 바친 뒤에 먹게 된데서 유래했다고 한다.

고수례의 설화를 간략하게 정리하면 다음과 같다.

(1) 지관이 자기 어머니의 명당을 찾아 전국을 헤매다가 들판에 묻었다.
(2) 농부들이 농사를 짓다가 밥을 먹을 때 먼저 첫 술을 떠서 던져 주었다.
(3) 그 농부의 논에 풍년이 들었다.
(4) 지관의 어머니 성이 '고'씨이므로 "고씨네"하고 외치며 던 지는 습관이 생겼다.

'고수레'란 야외에서 음식을 먹을 때 첫 술을 떼어 허공에 던지며 외치는 소리다. 우리나라 고유의 풍속이다. 이러한 풍속은 유래가 오래 된 것으로 삼국시대부터 전래되었다고 볼 수 있다. 신라 말의 선승 도선과 관련 있는 이야기로 다음과 같은 전설이 함께 전하고 있다.

    道詵은 백제 사람이다. 일찍이 도선의 어머니가 처녀로서 개울가로 놀러 나갔다가 크고 좋은 오이 하나를 먹고 갑자기 잉태되어 어린아이를 낳았다. 처녀의 부모가 이를 상서롭지 않은 일이라 하여 어린아이를 개울가에 갖다 버렸다. 바야흐로 추운 때였는데 갈매기 수천마리가 무리를 지어 날아와서는 날개를 서로 이어 어린아이를 덮어 주어 수십 일이 지나도록 어린아이가 죽지 않았다. 이를 보고 처녀의 부모가 이상히 여겨 다시 데려다가 길렀다. 이 아이가 장성하여 출가하여 입산수도하였는데 어른이 되자 하늘의 신선이 하강하여 천문과 지리와 음양의 비법을 전수해주었으며 또 당나라에 들어가 一行에게 법을 배웠으니 세상에 전하는 비법은 모두 다 도선이 저술한 것이다.49)

이 설화에 의하면 도선이 백제 사람이고 그의 모친이 신이한 잉태를 통해서 도선을 낳았다고 하여 이인 탄생설화와 동일한 선상에 있다. 이인의 탄생은 항상 신비로운 매개물이 등장한다. 오이나 무와 같은 것은 남성의 상징으로 먹음과 동시에 잉태하는 것이 일반적인 설정이다. 위의 설화도 이러한 화소에서 어긋나지 않았다.

---

49) 筆苑雜記 卷之一.
    道詵百濟人 初詵母爲處子 出遊川澤上 得一美大瓜啖之 忽覺有娠 及生兒 父母以爲不祥 而棄之川上 時方沍寒 群鷗數千來集 上下承覆之 不死十數日 父母異以收養之 及長出家 入山修練 有天仙下降 授天文地理陰陽之秘 又入唐 學一行法 世傳圖識 皆詵所著也.

한국의 자생풍수는 중국의 그것과 차이가 있다. 산의 형세가 중국에 비해 가파르고 남향보다는 서향의 지형이 많다. 땅의 형세가 중국과 다르기 때문에 풍수에 관한 이론이나 적용방법도 다를 수밖에 없다. 지세를 그대로 두고 지세에 맞춰 살려고 하는 것이 중국의 풍수라면 우리의 것은 비보하고 상생하며 조화를 이루고자 하였다. 땅은 살아있는 생명체로 곧 어머니에 해당한다. 고수레 설화에 나타난 도선의 모친은 대지로 돌아감과 동시에 모든 농부의 어머니가 된 것이다. 좋은 터를 골라서 좋은 대우를 받는 것이 아니라 좋은 땅과 좋은 농부를 만나서 상생함으로써 조화를 이루어 더욱 좋은 명당을 만든 것이다. 혼백의 안식처를 잡는 것은 안온한 삶을 추구하는 생각에서 비롯되었다. 근심 없이 살고자 하는 마음에서 땅과 생명체의 기가 상통할 수 있는 곳을 택하고, 그런 곳에 터를 내린 영혼은 후손에게 조화로운 감정과 안정을 선사한다.50) 대지를 마음으로 받아들일 수 있는 자만이 명당을 찾을 수 있다.

고수레를 통하여 후손 발복의 새로운 양상을 발견할 수 있다. 종래의 발복의 개념은 항상 후손에 집약되어 있었는데, 고수레 이후로 농부들이 모두 후손으로 둔갑하였으니 가장 한국적인 의식의 발로이다. 명당은 후손에게만 발복한다는 기존의 개념을 벗어나 땅에 살고 있는 누구나 주문과 헌식 혹은 공희만 하면 복을 받을 수 있으니 의식수준의 확장이다. 불균형의 미학이다. 종래의 것을 단편적인 사고체계를 대중에게로 확대한 것이다.

불완전성의 미학이다. 인간은 신이 아닌 이상 완전할 수가 없다. 남사고의 경우도 앞에서 살펴본 바가 있다. 『중용』에 '성실하고자

---

50) 최창조, 상게서(2003), p.27.

부단히 노력하는 것이 인간의 도리(誠之者人之道也)'라고 하였다. 완벽한 선은 신의 영역이다. 신의 영역은 그대로 두고 인간의 경지인 부단히 노력하고 실패하고, 또 노력해서 선하고자 하는 모습을 보여주는 것이다. 너무 큰 것을 바라지 않고 작은 것부터 차근차근 개척하고 전진해 나아가는 모습이 우리의 미학이다. 九遷十葬하는 남사고의 모습에서 효도하고자 하지만 쉽게 이룰 수 없어서 고민하는 이웃의 모습을 볼 수 있다.

다음으로 實踐의 미학이다. '知而不行이면 反不如不知(알면서 행하지 않으면 도리어 모르느니만 못하다)'라고 했다. 우리 민족은 알고 있는 일은 바로 실천에 옮기는 정신이 있다. 남의 부모를 내 부모 섬기듯이 하고, 첫 열매(수확)를 신에게 드릴 줄 안다. 첫 숟가락을 대지의 신에게 바치는 것은 대지에 대한 고마움의 표현이다. 공희를 행동으로 보여줌으로써 신의 축복을 받는다. 남의 부모를 섬김으로 자손이 받을 복을 대신 받는다. 대지에 대한 신성성을 믿고 무덤을 신성화하기도 하였다. 고씨의 왕생을 빌고, 기원하면서 즉시 행동으로 옮기는 첫술의 행위는 일종의 제례의식과도 같은 의미를 지닌다. 통과제의 성격이 강하다. 이웃 사랑, 대지사랑을 실천하는 사상이 들어 있다.

풍수사상에는 모든 지리적인 요소들에 매우 인간적인 실존성을 부여한다.51) 인간이 살고 있는 공간에 상호유기적인 관계가 되어 살아있는 공간으로 작용하게 한다. 의미가 없던 공간도 의미를 부여할 수 있고, 전혀 명당이 아닌 곳도 명당으로 만들어 발복할 수 있게 한다. 이것이 한국적 풍수사상이다. 우리나라는 넓지 않은 국토임에도 불구하고 모든 마을, 모든 고을에 풍수형국명이 붙어 있다. 옥녀가

---
51) 최창조, 전게서(2004), p.232.

단장하는 땅, 비룡이 승천하는 땅, 노승이 예불하는 땅, 신선이 책을 읽는 땅, 기러기 나래 접는 땅, 호랑이 젖먹이는 땅, 거미가 알을 품는 땅 등 모든 땅은 생명체적 은유를 사용하여 해석된다.[52] 이것은 지역과 주민이 공동체적 의식 하에 있다는 것을 의미한다. 인간과 대지가 따로 존재하는 것이 아니라 상호 보완적이고 상호의존적으로 존재한다는 것이다. 自然秩序에 인간이 조화하고 살아가고자 하는 사상이다. 고수레를 통하여 모두가 하나가 될 수 있고, 하나가 모두가 될 수 있는 경지에 이르도록 한 것이 한국의 미학이다. 불협화음인 것 같으면서 화음이 일고, 불균형한 것 같으면서 균형을 이루고 있는 것이 대지의 모습이고 자연의 형상이다. 모든 것은 어우러져 존재한다. 한 사람의 어머니에서 모든 이의 어머니로 변모하여 모두에게 축복을 내릴 수 있는 것이 고수레의 역할이다.

  종합적으로 판단하여 보면 고수레 이야기는 경기지방을 중심으로 만연하고 있는 명풍수설화이다.

  명당명풍유형의 주제는 孝思想으로 압축된다. 효와 명당은 불가분의 관계이다. 명당명풍 유형은 忠孝思想을 내포하여 家門繁昌 등의 시대적 이데올로기를 포함하고 있다. 가문에 대한 강한 욕망이 내재되어 있다.

(5) 死者生孫之地

  인간이 누리는 행복 중에 절실한 것 중 하나가 자손을 보는 것이라 하겠다. 특히 자손이 귀한 집일수록 후손에 대한 갈망이 크고, 후손이 많은 사람이라 할지라도 더욱 훌륭한 인물이 등장하기를 바라는

---

52) 앞의 책, p.233.

것은 인지상정이다. 자손이 끊어진다는 것은 제사를 모실 사람이
없다는 것이고, 이는 크나큰 불효가 아닐 수 없다. 儒學이 지배하던
사회에서 절손이 가장 큰 불행이었다. 그러므로 嗣孫이 없으면 양자
를 들여서라도 대를 잇고자 했던 것이다. 가문이 있는 집안일수록
갈등의 대부분은 자손문제라고 볼 때 이와 관련된 설화가 많은 것이
당연하다. 그래서 우리의 설화 중에는 영혼결혼식과 관련된 것도
많고, 절손의 위기에서 손을 보는 아름다운 이야기도 많이 있다.

사자생손 설화는 枯木生花, 즉 마른나무에 꽃이 핀다는 내용으로
명당을 잘 써서 그 명당의 힘으로 죽은 자식이 그곳을 지나가는
처자와 동침해 자식을 얻는다는 다소 허황된 이야기나 조상들이
가졌던, 자식을 낳아 대를 이어, 조상에 대한 예의를 다 하고자 하는
이야기다.

▶ **死者生孫之地를 잡아준 숙종대왕**

　　숙종대왕이 야순(夜巡)을 나갔는데 축지법을 하니까 저녁으로 조선
팔도를 한 바퀴 돌고 집에 와서 잠을 잔다. 하루는 전라도 곡성을 왔는데
조그마한 오두막집에서 울음소리가 나 들어가니까 노부부 중 하나는
서럽게 우는데 하나는 앉아 '하하' 하고 자꾸 웃는 것이었다. 할멈이
울면 영감이 웃고 영감이 울면 할멈이 웃고 하는 것이다. 숙종이 그
연유를 물으니 노부부가 늙어 겨우 아들 하나를 얻었는데 걸을 때 쯤
죽었다는 것이었다.
　　이제 나이 많아서 다시 낳을 희망도 없어 죽은 애 속을 훑쳐내 바짝
말려서 옻칠을 새까맣게 해 그것을 어르고 울고 하는 것이었다. 이
애기를 들으니 가엽고 불쌍해서 그 집에서 하루를 유하며 사자생손지지
를 하나 잡기로 생각했다. 그 아이를 보자고 한 후 어르는 체하다 가지고

그 날 저녁에 팔도를 돌아다니면서 자리를 잡으려 길주(吉州) 명천(明川)으로 올라왔다. 함경도 길주 명천 마천령(馬天嶺)을 넘어 정자나무 밑에 비각집이 하나 있었다.

거기가 사자생손지지로 자리가 좋으니 그곳에 죽은 아이를 묻었다. 그러자 함경감사가 죽어 새 함경감사가 부임을 해야 하는데 관사(官舍)로 이사하기 위해 과년한 딸을 사인교에 태워 데리고 내려가게 되었다. 그렇게 여러 날 사인교를 타고 내려가는데 때가 사월 오월 모심기 철인데 그 정자나무 밑에 닿았다. 날이 좀 더우니 시원한 정자에 쉬어가려고 하는데 처녀가 소변을 보고 싶어 장소를 찾으니 마침 비각집이 담이 둘러 있어 안성맞춤이었다. 그래 감사 딸이 거기 소변 하러 들어갔는데 어쩐 일인지 그만 맘이 없었다. 그래 소변도 보지 않고 그만 괜찮아져 그길로 함경도로 갔는데 그때부터 배가 불러오는 것이었다. 신의 아이를 갖고 일곱달 되니 배가 불러와 가족들이 죽이기 위해 상부(上府)에 보고하게 되었다.

추궁을 하니 전말을 이야기하는데 어쩔 수가 없어 숙종한테 상고(上告)를 하였다. 그걸 안 숙종은 반가워하며 그길로 길주 명천을 갔다. 숙종이 내용을 잘 안다며 가서 감사 부부에게 딸을 잘 돌보라는 어명을 내린다. 그리고 함경감사를 가까운 경기감사로 불렀다. 아이가 서서 절할 만한 대여섯 살쯤 되어서 감사를 내직으로 불러들이고 아이를 자주 들여다보았다. 그리고 곡성을 내려가 그 노부부한테 손자를 보게 해 줄테니 한양으로 와 한양 사는 이서방을 찾아오라고 하고 고을 원에게 조치를 취하고 서울로 왔다.

사인교 보내서 교대로 서울까지 올라오게 하니 며칠만에 서울로 왔다. 그래 한양 사는 이서방을 찾아 대궐로 들어가니 잘 먹이고 만조백관을 다 모아놓고 숙종대왕이 그런 얘기를 전연 안 하였다. 노부부를 경복궁 석주(石柱) 품계석 위까지 불러 대면을 하고 손자를 보고 사돈도 보자는 이야기를 한다. 만조백관 삼정승 육판서가 있는 곳에서 사실 얘기를 싹 다 하는 것이다. 함경 감사 갔던 그 내직으로 있는 양반 딸하고 그 외조부 내외하고 다 불렀다. 내가 죽은 자식이 손자 볼 자리를 잡아

놓았는데 처녀가 인연이 있어서 그 자리에 갔다가 아이를 갖게 된 것이다. 둘이 사돈이니 잘 지내고 이 아이는 손자다. 그렇게 해결해주고 잘 살게 해주었다.

경기도 고양시 덕양구 용두동 475-95, 사적 제198호, 서오릉 내 명릉은 제9대 숙종과 그의 제1계비 인현왕후 민씨, 제2계비 인원왕후 김씨의 능이다. 숙종은 1661년(현종2년) 8월 15일 경덕궁 회상전에서 탄생하여 1667년 왕세자로 책봉되었으며 1674년 8월 23일 창덕궁 인정전에서 즉위하였다. 숙종은 대동법실시 및 토지개혁 종결, 주전의 통용 등 경제정책에 전력을 다하였고, 1772년 백두산정계비의 건립으로 국경선을 확장 시켰다. 1720년 6월 8일 경덕궁 융복전에서 춘추 60세로 6남 2녀를 남기고 승하하여 같은 해 10월 21일 인현왕후릉 옆에 묻혔다. 인현왕후 민씨는 여양부원군 민유중의 딸로 1667년(현종8년) 4월 23일 탄생하여 1681년(숙종7년)왕비에 책봉되었다가 경종의 책봉문제로 폐위되었다가 복위하였다. 1701년(숙종 27년) 8월 14일 창경궁 경춘전에서 춘추 35세로 소생 없이 승하하여 같은 해 12월 9일 이곳에 모셨다. 인원왕후 김씨는 경은부원군 김주신의 딸로 1687년 9월 29일 탄생하여 1704년 왕비로 책봉되었으며 1757년(영조33년) 3월 26일 창덕궁 영모당에서 춘추 71세로 소생없이 승하하여 같은 해 7월 12일 왕릉의 서쪽에 모셨다. 명릉은 조성능제의 분수령으로서 상례보편과 산릉의의 기초를 이루었다. 첫째, 석수 및 석인의 치수를 실물에 가깝게 하였으며 부장품 명기의 수량도 감소하였다. 둘째, 문인석의 미소와 무인석의 늘어진 투구와 이마에 새긴 투구의 파상선 등은 장릉(제16대 인조)의 석인상을 따르고 있다. 셋째, 8각의 장명등 옥개석을 4각형으로 제도화하였다.

숙종대왕과 인현왕후의 명릉 전경

뒤에서 바라본 안산의 모습

인원왕후 능

장희빈의 대빈묘

장희빈 묘 뒤에서 바라본 모습

 대빈묘는 조선왕조 제 19대 숙종의 후궁인 희빈 장씨( ? ~1701)의 묘이다. 숙종은 오랫동안 아들이 없다가 궁녀 장소의에게서 숙종 14년(1688)에 왕자 균(경종)을 얻었다. 이듬해 균을 세자로 책봉하면서 장소의를 희빈으로 봉하였다. 그 후 왕비 인현왕후 민씨를 폐비하고 장희빈을 왕비로 책봉하였으나 이를 후회하고 숙종 27년(1701)에 인현왕후를 복위하고 장희빈은 사사되었다.

숙종대왕 비각

 이 설화는 독자인 아들이 죽자 대를 이을 묘터를 잡아주겠다는 숙종이 길가에 자식의 묘를 쓴 후 그 위를 지나가던 감사의 딸과 동침을 해 뒤에 자식을 보는 이야기다. 자식을 두지 못하고 죽는 것은 가문을 닫아야하는 위기상황이며 위기의 극복을 위하여 등장한 것이 죽은 자와의 결합이며 그것도 감사의 딸에게서 자손을 보는 것이다.
 이러한 이야기는 일종의 冥婚說話와도 같은 형식을 취하고 있다. 마치 『금오신화』 중의 '만복사저포기'와 같은 유형의 설화라고 하겠다. 아들을 잃은 비극적인 상황과 명풍수의 등장이 그러하다. 기존의 명혼설화와의 차별성은 사자생손지지담에서는 신비한 해결자가 명풍수라는 점이다. 산신령이나 부처가 아닌 리얼리티를 갖는 인물의 등장이 새롭다. 그리고 몇년 후에 나타난 손자와 며느리는 '불행

→ 행복'으로 이어지는 드라마틱한 구성이다. 絶孫에서 嗣孫으로 이어지는 것만큼 행복한 것은 없다. 조선 사회에서 가장 큰 행복이 嗣孫이라는 것은 누구나 아는 사실이다. 신성시된 명풍에 의한 嗣孫類型譚이라 하겠다. 이 설화가 명혼설화의 모티프가 되었다고 하겠다.

(6) 양택명당

살 터를 잡는 데는 첫째, 地理가 좋아야 하고, 다음 生利가 좋아야 하며, 다음으로 인심이 좋아야 하며, 또 다음은 아름다운 산과 물이 있어야 한다. 이 네 가지에서 하나라도 모자라면 살기 좋은 땅이 아니다.53) 星湖 李翼(1681~1763)은 사람이 살 수 없는 곳을 다음과 같이 정리하였다. "대저 의식이 모자라는 곳은 살지 못할 곳이고, 土氣가 사그러진 곳에는 살 수가 없고, 무력이 승한 곳은 살지 못할 곳이고, 사치하는 풍습이 많으면 살지 못할 곳이고, 시기와 혐의가 많은 곳도 살 수 없는 곳이다. 이런 몇 가지를 가리면, 취하고 버릴 것을 알게 된다." 풍수설을 잘 모르는 사람들도 기본적으로 배산임수라는 말을 알고 북향보다는 남향집에 대한 선호도를 가지고 양택의 입지를 선정하는데 많은 관심을 기울였다. 음택도 영혼의 편안함을 위하여 중요하겠지만 본인뿐 아니라 자손들이 대대로 살아야 하는 주택에 대한 생각은 가히 신앙적이었다. 주거의 필수요건으로 배산임수와 먹을거리를 손쉽게 얻을 수 있는 땅과 嘉泉54)같은 좋은 물이 있는 곳이면 최고의 집터로 생각하였다.

---

53) 李重煥, 李翼成 譯,『擇里志』, (을유문화사, 2005), p.135.
54) 嘉泉이란 물맛이 달고 빛이 맑으며 향기가 있는 것이다. 휘저어도 혼탁해지는 법이 없으며, 사시사철 물의 양이 똑같고, 더울 때는 물이 차고 추울 때는 따뜻하여 더 이상 바랄 것이 없다. 이것은 眞應水라고도 하는데 양택에 있어 늘상 이런 물을 마시면 부귀장수하며 경사가 끊임이 없다고 한다.

▶ 솔묘산 전설

　솔묘산은 사당묘자 또는 털 모 자를 써 솔모산이라고도 합니다. 두타산의 맥이 동쪽으로 쭉 내려오면서 중간에 아주 우뚝 솟아 붓 끝처럼 똑바로 선 산맥이 다시 쭉 내려오다가 삼척의 가야산을 만들고, 가야산 맥이 쭉 내려오다가 바닷가에 봉황산을 만든 그 중간 맥인데, 전설에 보면 임진왜란 때 왜구가 이쪽으로 쳐들어 올 때 삼척 향교의 위패를 전부 갖고 솔묘산 꼭대기에다 옮겼다. 그래서 위패를 모셔서 그 산이름이 솔묘산이다.

　또 하나는 그 산이 아주 붓 끝처럼 뾰족하여 그 부근에 있는 사람들, 특히 삼척읍 도경리에 있는 사람들 중에 솔모산 덕에 풍수지리상 선비가 끊이지 않는다고 한다. 그래서 그럴까 사람이 부자로 살고 옛날에 동왕거사도 거기 살았다. 솔모산을 중심으로 산세가 좋아 인물이 난다는 이야기다.

경기도 성남시 분당구 율동 200 영장산(맹산) 기슭에 있는
새마을운동 중앙연수원

경기도 여주군 여주읍 능현리 250-2 경기도유형문화재 제46호
명성황후 생가

충남 아산군 송악면 외암리 예안이씨 종가 뒤가 설화산이다

경기도 성남시 분당구 정자동 217 불곡산 한국토지공사 본사 뒤편에 전주이씨 태안군파 묘역이 있다.

충청남도 천안시 목천읍 남화리 230번지 흑성산 독립기념관

경기도 평택시 진위면 봉남리 167
평택시문화재자료 제40호 무봉산 진위 향교

양택이라고 해서 터를 보지 않고 짓는 경우는 없다. 특히 우리나라는 지형이 東高西低, 北高南低形의 지세가 많다. 그래서 남향의 집을 짓기가 쉽지 않다. 남향에 동문의 집을 지으려면 삼대가 덕을 쌓아야 한다는 말이 있다. 그만큼 좋은 집터에 정착하기가 어렵다는 뜻이다. 좋은 집을 얻기 위해서는 덕을 쌓는 것이 우선이다. 양택명당 유형은 대개 적덕보은 유형에 속한다. 유교사회에서 교훈을 권장하는 사회적 배경에 연유한다 하겠다.

양택이나 음택의 경우 모두 남향의 햇살이 좋은 곳을 바탕으로 하고 있음은 동일하다. 양택은 도로에 가깝고 음택은 산중에 있는 것이 다르다. 양택이든 음택이든 積德報恩이 발복의 근원임을 알 수 있다.

명풍설화 중 명당발복형의 의미와 분류를 통해 설화를 살펴본 결과 적선·적덕에 대한 내용이 주로 부각되었다. 금시발복은 선행, 효행, 용기 등의 교훈성이 부각되는 효행권장담이었으며, 명당쟁취는 적선 후 당사자나 후손이 발복하는 명문에 대한 욕구담이고, 명당면례는 사손사상에 기반을 둔 가문욕망에 대한 이야기였다. 명당명풍은 충효사상을 내포한 가분번창에 대한 욕망을, 사자생손지지는 신성시된 명풍에 근거한 사손유형담이며, 양기명당은 적덕보은에 따른 적덕보은담이다.

4) 明堂裨補型

명당비보는 허결한 곳을 보하고 잘못된 것은 바로잡아 부족한 것을 보충해 우리나라의 산과 들에 맞는 우리식 풍수를 지향하는 것이다. 비보의 형식은 다양하다. 땅의 이름을 바꾸기도 하고, 앞에 안산을 구축하기도 하며, 물길을 바꾸는가 하면, 허결한 곳을 보하기 위하여 축을 쌓기도 한다. 또한 한 쪽으로 기운 곳에는 돌탑을 쌓아 안정시키고, 앞에 연못을 파서 산기를 모으기도 한다. 기를 모으는 방법은 실로 다양하다. 땅을 있는 그대로 활용하는 것이 아니라 허결한 곳을 보하고, 강한 곳을 약하게 해서 살기 좋은 곳으로 만드는 것이 우리의 자생풍수의 기능이다. 예를 들어 남해의 보리암은 가파른 절벽 가운데 서 있다. 비가 많이 올 때 아랫마을이 홍수에 떠내려갈 것을 걱정해서 중간에 절을 지어서 물길을 막는 역할을 담당하게 하는 것이다. 이는 보리암의 입장을 살피기보다는 마을의 안위를 생각하는 자기희생적인 비보라 하겠다. 우리나라는 산이 많고 들이 적어 명산이 많은 반면 양기를 정함에 있어서 여러 가지 제약을 받는다. 이러한 약점을 보완하기 위하여 예로부터 많은 노력을 기울여 혈처를 보하고 여러 곳에 사찰을 지어 산을 보호하는데 관심을 두었다.

경기도 여주군 여주읍 천송리 282번지 비보사찰 봉미산 신륵사

경상남도 남해군 상주면 상주리 금산 남쪽 봉우리에 있는 보리암

(1) 造山

조산은 명당으로서 부족한 곳을 인공적으로 보하여 나쁜 기가 서린 곳에 그것을 제압할 수 있는 동물모양이나 사람, 또는 귀신 장승 등의 모형을 세워 명당을 만들거나, 만들어가는 것을 말한다.

▶ 조산리와 노승

지을 조(造)자 뫼 산(山)자로 양양 그 동북 방면 쪽인데 여기서 그 십리 쯤 가면 낙산사 못 미쳐서 '조산'이라는 동네가 있다. 지금 현재 성씨분포를 보면 최씨가 많이 살아 조산 최씨라 부르고 있다. 옛날 어느 여름날에 노인들이 나무 그늘 밑에서 환담을 하면서 놀고 있는데 금강산 쪽에서 온다는 노승 한 사람이 이곳에 도착해서 두루 지세를 살피고 있어 노인들이 노승에게 물으니 한참을 그냥 있던 노승이 지세가 좋아 먹고살 걱정은 없겠지만 인물이 나지는 못하겠다는 말을 하였다. 마을 노인들이 그러지 않아도 살기는 넉넉하나 변변한 인물이 없어 대책을 물으니 마을 뒷산의 주맥이 저 설악산 주봉에서 잘 흘러 내려오다가 이 마을 바로 뒤쪽에서 끊기고 말았다. 그래서 인물이 못 나오는 이유는 그 끊긴 맥 때문이니 온 마을이 힘을 합하여 끊긴 곳에다가 인력으로 산 하나를 만들라는 것이었다. 그래야 인물이 난다는 것이었다. 그래 숙원하든 인물을 하나 만들자는 뜻에서 조산 만드는 일에 총 동원이 돼 조산을 만들어 조산리가 되었다고 한다.

터널을 만들지 않을 수도 있는데 의령 남씨 선산이 호랑이 산이므로 비보풍수 차원에서 호랑이 앞발을 상징하는 두 개의 터널을 요(凹)자 모양으로 남겨 놓았다고 한다. 일부에서는 명당인 의령공 묘의 청룡과 백호를 보호하기 위하여 터널을 만들어 놓았다고도 한다.

성남시 수정구 태평동 산 3-8 일명 호랑이산

성남시 수정구 태평동 산 3-8에 있는 의령공 남경문 중시조 묘
딴릉의 주인공 남재의 아들이다.

묘 앞이 분당 수서 간 고속화도로이고
그 너머로 보이는 것이 성남시 태평동이다.

의랑공 묘 앞 도로에서 좌측(수서 쪽)에 있는 터널

우측(분당 쪽)에 있는 터널
좌 우 터널 간격은 약 200미터 정도며
각 터널의 길이는 약 100미터 정도이고 폭은 왕복 6차선이다.

이 설화는 우리나라 전역이 명산도 많은 반면 허결한 곳도 많아 그것을 비보한 것이 많음을 의미한다. 조산은 양택설화에 많은데 그 중에서도 개인보다는 마을이나 도시 등 더 큰 지역을 대상으로 하는 얘기가 많다. 음택이 개인이나 가족의 발복을 대상으로 했다면 양택은 개인을 벗어나 집단이 잘 되기 위한 것이었다는 데서 바람직한 현상이었다. 개인의 구복이 아닌 마을이나 국가의 안위를 위한 이타적 裨補壓勝譚이다.

조산은 기본적으로 비보의 개념이 강하다. 案山이 너무 높으면 인재가 없고, 조산이 없어도 한 쪽으로 기울어 인재가 나지 않는다. 안산은 마루에 앉아서 바라보았을 때 눈보다 약간 낮게 보이는 것이 좋다. 그러나 이러한 형세의 터를 구한다는 것이 그리 쉬운 일은 아니다. 조산은 앞으로 빠져나가는 氣를 막아주는 역할을 한다. 山氣는 水氣를 만나야 고이게 되어 있다. 수기가 없는 곳에서는 그냥 흩어지고 만다. 산기를 잡기 위해서는 앞에 물이 있는 것이 좋고, 그런 것도 없을 때 조산을 만들어 허결한 것을 보한다. 그러면 흩어지려는 기운이 한 곳에 모여서 훌륭한 인물을 만들어 낼 수 있다.

위의 설화를 통해서 보면 "먹고 살기에는 궁색하지 않다"고 한 것으로 보아 앞에 평평한 들이 넓게 펼쳐진 것을 알 수 있다. "지역을 살펴보니 인물이 없다"는 것으로 보아 너무 황량해서 기가 흩어지고 있음을 알 수 있다. 기가 넘쳐도 탈이지만 기가 너무 없으면 인걸이 나지 않는다. 산허리를 끊어 놓거나, 길을 낸다고 마을로 들어가는 어귀를 잘라버리는 것은 과부가 많이 양산된다고 하는 말과도 상통한다. 땅과 사람이 相生의 길을 갈 때 인물도 나오는 것이다.

(2) 發福沮止

발복저지는 명당실수담과도 흡사한데 보은하려고 묏자리를 잡아주었으나 상주의 조상이나 당사자가 살인을 하였거나 悖惡을 저질러 산신이 개입하여 발복을 저지하는 설화이다. 명풍은 자신이 실수했다고 생각하나, 산신이 다시 나타나 그 이유를 설명해 준다. 이 설화의 내용은 악인은 작은 선행을 했어도 결국 명당을 차지할 수 없다는 적선 적덕사상이 잘 내포된 이야기다.

아무리 좋은 명당이라 할지라도 적합한 인물이 아니면 자연이 거부하는 것이다. 길지와 적덕·적선인이 만나야 한다. 흉한 업보는 자연도 거부한다는 인과응보思想에 기반을 두고 있다.

▶ 악인에게는 명당도 없다

　잘 생긴 소녀로부터 구슬을 받아먹고 명지관이 된 사람이 있었다. 서당 가는 길에 산등성이에서 준 구슬인데 그것을 먹고 앞으로 넘어져 지관이 되었다고 한다. 그는 스승을 떠나 부부 처자와 이별한 후 지관으로 나섰다.
　강원도 어디를 하루 종일 가다보니 인가가 없어 낙엽 속에서 굶어 잤다. 그렇게 사흘 동안을 가서도 인가를 찾지 못하고 산골짜기에서 헤매는데 어디서 인기척이 들렸다. 살았구나 하고 보니 떡거머리 총각이 소를 타고 소리를 하면서 나무를 하러 오는 것이었다.
　나무를 하러온 총각이 주는 찰밥을 먹고 사지에서 벗어난 지관은 총각을 따라 그의 집으로 갔다.
　그 집에는 홀아비로 살다가 죽은 아버지와 총각뿐이었다. 부잣집에서 머슴을 살던 총각의 은혜를 갚으려고 산소자리를 잡아주기로 하고 물으니 총각은 대지도 싫고 당대 발복할 자리를 달라고 해 당대 발복자리를 잡아 주었다.
　부자의 도움으로 이장할 준비를 하고 택일을 해 이장을 해주고 지관은 몇 년간 사방을 돌아다니다가 그 집이 궁금하여 그곳을 찾아갔다. 찾아가 근처 주막에서 그 총각이 사는 형편을 물으니 삼년 전에 죽었다는 것이었다. 당대발복 자리를 잡아줬는데 죽었다니 하도 이상하여 달밤에 묏자리에 가서 쇠를 놓고 보니 틀림없는 자리였다. 그래 제액을 했다고 생각하고 쇠를 깨려하니 저절로 떨어져 안 깨지는 것이었다. 세 번째 깨려는데 하늘에서 그 총각의 아버지가 살인을 세 번이나 한 자라 아들까지 죽게 되었고 지관은 제액을 한 게 아니라는 것이었다. 하늘이 당대 발복 자리에서 한금정 위로 쓰도록 지관을 유도해 죽는 자리에 묘를 쓰게 되어 죽었다는 이야기다.
　악인은 그 자손조차도 명당에 들 수 없다는 이야기다.

因果應報에 의해서 명당이 될 수도 있고 그렇지 않을 수도 있다는

163

實例가 된다. 아무리 좋은 자리라 할지라도 거기에 합당하지 않은 인물이 들어서면 패가망신한다. 적덕과 적선을 쌓은 사람에게는 명당이 충분한 역할을 하지만 그렇지 못한 경우 오히려 發禍가 된다고 하였다. 이러한 사상도 우리 고유의 풍수철학이다. 땅과 상생의 길을 도모하는 모습을 볼 수 있다. 이른바 왕을 묻어야 할 곳에 상민을 묻으면 시신이 땅의 기운을 견디지 못하고 타 버린다고 한다. 이것이 발복저지의 원형이다. 일종의 惡人不用型의 설화라고 하겠다. 명당은 아무에게나 가능한 것이 아니다. 여러 대에 걸친 선행과 적덕이 있어야 한다. 악인에게는 아무리 좋은 터라 할지라도 땅이 거부하여 오히려 재앙을 초래하게 되는 것이다. 이때에 일어나는 행위는 풍수사의 실수가 아니라 지리만 알고 天理를 모르는 인간의 한계일 뿐이다.

이 설화는 다분히 교훈적이어서 설화구연으로 전승되기에는 흥미가 다소 떨어지고 교과서적인 내용이라 숫자가 많지 않다. 이 설화에서 풍수사는 실력이 없는 것이 아니라 그 인간성을 파악하는데 실수한 것이다. 명풍수도 사람이기 때문에 당장 받은 은혜에 대해서만 생각하고 명당을 잡아 주는 것이지 그 사람의 과거나 先代의 내력까지 파악할 수는 없기 때문이다.

명풍설화 중 명당비보형의 의미와 분류를 통해 설화를 살펴본 결과 발복에 대한 내용이 주로 부각되었다. 造山은 개인의 구복이 아닌 마을이나 국가의 안위를 위한 이타적인 裨補壓勝譚이며, 發福沮止는 인과응보에 따른 惡人不用型 설화이다.

명풍설화의 전체적인 특징으로는 명당획지에는 적선보은, 적덕보은 등 적선·적덕담이 주류를 이루며, 명당비보형에는 전선·적덕을 전제로 한 복박탈형이나 명당에 대한 욕구, 明堂 求得에 대한 어려움이, 명당발복형에는 효행권장, 명문욕구, 가문번창, 적덕보은담 등이 적선을 전제로 하고 있다는 것이다. 특이한 것은 명풍이 신성시되어 신의 경지에 도달한 것으로 묘사된 사손유형담의 사자생손지지가 있다는 것이다. 명당비보형에는 개인보다는 국익에 우선한 거시적 이야기와 불교의 자비사상과 인과응보적 악인불용형 설화가 있다. 중요한 것은 많은 소재가 있지만 결국은 명당을 얻고야 만다는 것이다. 적선·적덕과 관련된 유교적 儒風이 내재된 것과 보은과 관련된 구조를 지닌 작품, 또 자연과 순수하게 교감하는 인간성 등과 같이 유교적 이데올로기가 드러난 설화가 많다.

## 2. 假風說話

가풍설화는 그동안 별로 연구의 대상이 되지 못하였다. 명풍설화에 대한 연구가 주를 이루었기 때문이다. 假風說話도 독립적인 학문이 되지 못했을 뿐이지, 명풍설화에 비해 문학성이 풍부하다고 본다. 『三國遺事』에 나오는 석탈해의 경우도 가짜 풍수사에 해당한다고 볼 수 있다. 그는 일본 동북방 일천리 되는 곳에서 알에서 태어난 왕자이지 풍수는 아니었다. 그럼에도 불구하고 초승달 모양의 집터를 보고 탐이 나서 조상이 숯을 만들며 살던 집이라 우겨 말하고 詐取한다. 양택사취의 유형이면서 가풍수담의 초기 형태라고 할 수 있다. 과거의 풍수설에 의하면 어떻게든지 그 자리를 차지하고 나면 주인이 된다는 생각이 팽배해 있었다고 본다. 이러한 생각은 이미 선악의 경지를 벗어나 있다. 논리적으로 상대방을 설득시키면 주인이 될 수 있는 것이다. 그렇다고 보면 우리나라 풍수설화의 기원은 假風說話라고 할 수 있다.

명풍설화가 풍수에 밝은 풍수사의 비범성을 다룬 이야기인데 반하여 假風說話는 풍수에 대하여 전혀 모르고 공부만 하던 서생이나 가난한 학자가 형이나 이웃에 있는 풍수에게 佩鐵을 빌려 풍수사인 척 하여 여러 도움으로 결국은 가짜풍수로 성공한다는 단편적인 이야기다.

假風水에 등장하는 인물군은 대부분 가난한 농부이거나 글을 할 줄 알지만 생활 능력이 없는 선비들이다. 생활의 전선에선 무능하기 짝이 없는 사람이 가짜 풍수사역할을 하다가 우연히, 혹은 조력자의 도움으로 명당을 얻게 되고, 이에 대한 대비책까지 세워 도망할 여지를 남겨 놓는 사기성이 濃厚한 인물로 그려지기도 한다. 그것은 가짜 풍수 역할로 '행운'을 얻는 복합적 성격을 지닌 설화다. 그러므로 가짜 풍수는 처음부터 정통이 아니다. 이웃이나 풍수를 흉내 내며 의도적으로 가짜가 되어 생활을 꾸리려고 하는 사람들이다. 풍수에 대한 지식이 없는 사람이 풍수사로 성공하게 되는 내용도 많다. 그러므로 풍수에 관한 내용보다는 그가 어떻게 성공하게 되는가에 초점을 맞추고 있다고도 볼 수 있다. 한 사람의 成功譚이며, 詐欺譚이다. 우연히 명당을 얻는다 할지라도 사기를 쳐야 하므로 긴장감을 주게 된다. 비현실적인 인물에서 현실적인 인물로 탈바꿈한다. 현실에 무익한 학문보다 현실에 필요한 지식이 사람을 변화시킨다. 세상을 수동적으로 바라보던 인물이 세상에 들어가 능동적인 인물로 변한다. 풍수사의 역할을 하면서 현실에 적응하게 되는 것이다. 조선시대의 송사 중에 묏자리에 관한 송사가 가장 많다고 한다. 그에 대한 訟事는 타협이 있을 수 없다. 이러한 현상은 지금도 마찬가지다. 분묘를 개장하기 힘든 것은 누구나 아는 사실이다. 현재의 상황이 그렇다고 한다면 조선시대에는 더욱 심했으리라는 것은 자명한 사실이다. 묏자리 하나를 구하기 위해 家産을 탕진하는 것도 非一非再하였다. 묏자리만 잘 잡으면 다시 발복할 수 있다는 신념 때문이다. 인간의 吉凶禍福을 묏자리에 전적으로 의지하려는 의도가 강했음을 알 수 있다. 그러므로 가짜 풍수사가 능히 나타날 개연성이 있다. 가난을 해결하기 위해서는 누구나 풍수사 행세를 할 수 있었다. 특별한 재주가 없어도 적당히 사람을 속일 수 있는 능력만 있으면 되는 것이니 그것으로 성공하는 것은 어느 곳에서 명당을 하나 잡아주었다는 소문만 있으면 된다. 그러면 으뜸가는 훌륭한 풍수사로 선발되기 쉽다.

1) 漁父之利型

어부지리형은 아무 것도 모르는 엉터리 서생이 가정형편이 너무 어려워 패철을 하나 얻어 차고 풍수 행세를 하러 나간다. 나갔다가 팔삭둥이를 낳아 고생하는 그 집 며느리의 도움으로 조상의 산소 쓴 내력을 알게 된다. 虎穴이라 팔삭둥이를 낳아 후에 잘 된다는 이야기로 극적으로 풍수로 성공하는 이야기가 주된 내용이다. 상주 되는 사람과 며느리간의 분쟁에 용감하지만 우연히 뛰어들어 풍수로 성공하고 돈도 벌어 성공하는 이야기다.

▶ 팔삭둥이 낳은 명당

형제가 살았는데 형은 글공부를 해 지관을 하고 동생은 어렵게 살았다. 하루는 동생의 아내가 형의 패철을 몰래 가져와 돈 벌어 오라며 남편에게 주어 보냈다. 그래 글자도 모르는 사람이 패철을 주머니에 넣어가지고 한참을 가다가 한 마을에서 숙식을 하려고 고래등같은 기와 집으로 들어갔다. 그 집은 팔삭둥이를 낳은 며느리가 어떻게 된 건지 알려고 많은 지관들을 불러 놓고 있었다. 모인 지관들의 떠드는 걸 보니 위축되어 뒷방에 있는데 한밤중에 여자가 문을 열고 들어왔다. 자는 척 하는데 그 여자가 들어와 깜짝 놀라 일어나니 음식상을 거나하게 차려가지고 와 먹으라는 것이었다. 음식을 다 먹고 이야기를 하게 되었는데 그 여자가 이 집 며느린데 시집온 지 여덟달 만에 아이를 낳았다는 것이다. 이걸 밝히려고 몇 십 명의 지관이 모인 건데 청을 들어달라는 것이었다. 내일 답산 시 아무 말 없이 따라가다가 산에서 내려올 때 좌판이 큰 복판에 있는 묘를 보고 '팔삭둥이만 나으면 고관대작 해먹는데 팔삭둥이 날 수 있느냐.' 하면서 무릎을 턱 치고 털썩 물러 앉아달라는 것이었다. 그렇게 해서 위기에 처한 며느리를 구해주고 호의호식하며 잘 얻어먹고 많은 돈을 받아 집도 새로 지어주어 잘 살게 되었다.

충청남도 천안시 수신면 속창리에 있는 상당군 한명회 묘역 전경

조선조 청주한씨의 정치적 기반을 다지고 명문가로 발돋음 하도록 상당한 역할을 한 분이다.

팔삭둥이설화의 모태가 되기도 한 입지전적 인물이다.

뒤에서 바라본 안산 쪽 모습이 시원하다

어부지리형 설화의 특징은 가풍수가 쉽게 명당을 알려주는 것이다. 명당을 잡아주는 것이 아니라 며느리가 알려준 대로 이야기만 할 뿐이다. 그것도 모든 상황을 잘 알고 있는 상주의 가족 중에서 흠결이 있는 며느리의 도움을 받는 것이다.

팔삭둥이를 낳아서 어려운 상황에 처해 있는 며느리를 구해준다는 것이다. 즉 조상의 산소가 범의 혈인데 범은 여덟 달 만에 새끼를 낳으므로 이 집안에도 여덟 달 만에 아기를 낳아야 음택의 효과가 나타나 대길하게 된다는 것이다. 팔삭둥이는 부정한 사람이 없다는 말이 있다. 이야기의 구성상 며느리가 정상적인 아이를 낳았다면 상주네 가족끼리 해결 할 수도 있는 일이지만 상주는 欠缺이 있는 며느리를 곱게 보지 않기에 그 며느리는 점잖고 학식 있어 보이나 풍수에 대해 아무것도 모르고 등장한 사람을 대리인으로 하여 자기의 흠도 해결하고 가난한 사람도 구제해 주는 一石二鳥의 해결구도를 보이는 것이다. 그러므로 가짜풍수는 아무런 갈등이나 고민도 없이 풍수사의 노릇을 수행하고 그에 대한 보답도 받는다. 비상식적인 이야기가 더 흥미롭고 청중의 기대를 받을 수 있다.

이 설화는 사자생손 설화처럼 하나의 이야기가 여러 지방으로 파생되어 구전된 것이다. 가풍이 아무런 지식 없이 학문한 것만 가지고 풍수로 성공하는 데는 풍수설화에 대한 청자의 기대심리가 작용하여 풍수란 것이 별거 아니라는 생각과 함께 평범한 인물도 조력자만 만나면 성공할 수 있다는 기대심리가 저변에 깔려있는 설화이다. 이것은 만용이 아닌 선하고 용기 있는 자에 대한 善勇報答型 설화라고 하겠다.

풍수의 내용보다는 설화 전체의 스토리에 관심을 두는 것으로 허구적 양상이 짙다. 그러므로 전승과정에 흥미를 돋우는 내용이 첨가되었다고 본다.

2) 神物保佑型

신물보우형은 북두칠성이나 옥황상제가 대리인을 보내 그 대리인이 가난한 사람이 假風水로 성공할 수 있게 조력자의 역할을 하는 설화다. 때로는 神仙이 등장하여 일을 해결해 주기도 한다. 몹시 가난한 사람이 땟거리가 없어 假風水로 나서는데 그 사람은 남한테 패악을 하지 않은 착한 사람이다. 북두칠성이 보고 딱해서 그 사람을 도와주는 경우인데 선한 사람은 하늘이 돕는다는 天佑神助思想이 내포된 설화이다.

▶ **가난한 사람 도와준 북두칠성**

몹시 가난한 사람이 팔월명절에 아이들에게 떡이라도 좀 해 주려고 수백석지기 부잣집 논에 벼를 훔치러 갔다. 북두칠성에게 물어보니 그냥 가라고 해 빈 손으로 돌아왔는데 부잣집 늙은이가 소변을 보러 나왔다가 이 광경을 목격했다. 그래 정직하고 고지식한 그 사람에게 노속(奴屬)을 시켜 벼 스무 섬을 갖다 주도록 했다. 그것으로 떡을 해 먹으며 생각하니 북두칠성이 도와주는 것이란 생각이 들어 패철을 훔쳐 지관으로 나섰다. 마침 어느 부잣집에 초상이 나 그 집으로 갔는데 이미 많은 지관이 와 있었다. 그런데 맏상주는 지관보다 지리를 더 잘 아는 사람이었다. 떠드는 지관보다 조용한 이 사람이 더 용한 지관이라고 생각한 주인은 별당에 모셔 극진한 대접을 했다. 그날 밤에 동자 하나가 찾아와 내일 구산을 할 때 피곤하니 말을 하나 달라고 하라고 해 그렇게 했다. 다음날 말을 타고 동자와 먼저 산에 올라가 구산을 하는데 큰 밤나무 밑을 일러주어 그 자리에 지팡이를 탁 꼽았다. 거기가 대지라고 해 많은 지관들이 보니 정말 그곳밖에 쓸 곳이 없었다. 그래서 그 자리에 맏상제가 분 금을 하고 산을 쓴 후 천냥을 주는 것이었다. 그래 그 돈을 받고 동자가 경상도로 가자고 해 동자가 시키는 대로 물이 귀한 마을로 가 큰 느티나무 복판을 파 큰 물이 나게 하고 논을 만들어 주고 큰 돈을 벌어 집으로 향했다. 오는 길에 부자가 되었으니 동자가 지관일 그만두라는 말을 하며 일월성신(日月星辰) 북두칠성께 하도 빌어서 자신이 내려왔다는 것이었다. 하늘을 보라고 해서, 보니 별이 여섯 개밖에 없었다. 그 말을 하고 올라가자 다시 북두칠성이 되었다. 지성이면 감천이라는 이야기다.

위 설화는 가짜 풍수가 북두칠성의 도움으로 성공하는 이야기다.
설화에 등장하는 假風水는 가난하다보니 능동적이지 못하고 수동적이게 마련이다. 다른 설화에서는 이러한 사람을 적극적인 사람으로 충동질 하는 역할로 부인이 등장하기도 하는데, 여기서도 결국 가난한 사람은 현실에서 벗어나 假風水로 나서게 되는 것이다. 적극적인 해결방법의 摸索이 결국 하늘의 도움을 받기에 이르게 되는 것이다. 또한 가난한 사람은 어렵게 살지만 남에게 害惡을 끼치고 살지는 않았다. 나쁜 사람이었다면 하늘도 돌보지 않았겠지만 추석에 떡이라도 하려고 남의 논에 들어가 나락을 베려다 만 사람이다. 대부분의 사람들이 하늘을 두려워하지 않는데 하늘을 두려워하는 착한 사람을 본 북두칠성이 변신하여 동자로 내려와 있던 대리인이 훤히 아는 명당에 대한 내용을 가난한 사람에게 상세히 알려주어 가난한 사람은 별반 힘들이지 않고 명당을 잡아주게 되는 것이다. 그 적극적인 행동의 결과 그럭저럭 여생을 먹고 살게 된다는 설화이다. 그러나 아무리 도와주려 해도 적극적이지 못하면 하늘도 어쩔 수 없다는 '하늘은 스스로 돕는 자를 돕는다'는 교훈적인 내용을 내포하고 있다.

이러한 신물보우형의 설화는 허구적 양식에 가장 가깝다. 특히 반전부분이 뛰어나게 설정되어 있어서 청자의 이목을 끌고 이로 인하여 傳承에 添削이 많이 가미된다. 명풍설화에 비해 내용이나 형식면에 있어서 흥미본위의 설화라고 하겠다. 이러한 흥미본위의 설화는 후대 문학 창작의 모태가 되었음을 알 수 있다.

마음을 곱게 쓰면 하늘이 도와준다는 天佑神助에 바탕을 둔 善人報答型 설화라 하겠다.

3) 明堂窺聞型

　이 설화는 부자가 풍수를 불러 묏자리를 잡고 광중을 만들어 명당에 달걀을 넣고 실험하려는 것을 딸이 듣고 곧 달걀을 갖다 넣어 못쓰게 한 후 자기 시아버지 묘로 사용하는 이야기다. 그래서 발복이 엉뚱한 외가로 되는 남존여비사상이 극심했던 시대적 상황에 맞는 이야기로 딸은 도둑이라는 말을 낳게 한 설화이다.

▶ 오대 정승자리를 훔쳐간 딸

　청풍(淸風) 김씨(金氏)가 부자로 살았는데 풍수가 와서 산소 자리를 보고 여기다 광중을 지어 놓았다. 그날 저녁에 지관이 "거기다 달걀을 하나 갖다 넣으면 내일 아침에 병아리가 나올 것이다."라고 하였다. 이 말을 밖에서 엿들은 딸이 곧 달걀을 쥐어 병아리가 안 나와 묘를 못 쓰게 하고 자기 시아버지가 죽으니까 거기다 갖다 투장을 했다. 몰래 투장을 하고 오대 정승이 났다. 그래 청풍 김씨가 한 몫을 한다고 한다.

포은 정몽주(좌측)와 저헌 이석형 선생 묘역 전경

포은 묘

포은(오른쪽)과 저헌의 묘 뒤에서 바라본 안산의 모습

설화의 특성상 이야기하고자 하는 바는 男尊女卑思想이다. 딸은 시집가서 그 집 귀신이 된다는 애기가 있다. 위의 설화는 딸이 친정보다 시댁을 생각해서 시아버지의 묏자리로 삼는 다는 것이니, 자신의 후손이 친정의 후손보다 귀하다는 관념 하에 만들어진 것이다. 이와 같이 엿들어서 명당을 얻은 이야기의 주된 내용은 명당을 잡아주고 부자가 된다는 것인데 역시 허구적 성향이 강하다. 실제로 있었던 사건보다는 흥미를 중심으로 한 딸은 출가외인이라는 속설을 강하게 주장하고 있는 설화다.

경기도 기념물 제1호인 포은선생의 묘는 경기도 용인시 모현면 능원리 산 3번지에 있는데 묏자리에 관한 일화가 전하여진다. 그 내용을 보면 선생의 유해를 가지고 영천으로 가던 장례행렬에 갑자기 불어온 바람이 명정을 날리어 지금의 이석형 선생의 묏자리에 떨어뜨린 것이다. 괴이하여 지관에게 물어보니 천하의 대명당이라는 것이었다. 하늘이 충신에게 좋은 자리를 점지해 준 것이라 생각하고 선생을 그 자리에 모시기로 하였다. 마침 날이 저물어 하관을 다음으로 미루고 잠을 자게 되었는데 포은 선생의 증손녀 정씨가 명당이라는 말을 듣고 탐이 나 광중을 지키는 사람들에게 술을 먹였다. 그리고 아래에 있는 연못에서 물을 퍼다 광중에 부어 다음날 물이 나는 곳이라며 묘 쓰기를 포기했다. 다른 곳을 찾아보니 지금의 자리도 좋아 그곳에 선생을 모셨다. 후일 남편 이석형 선생이 돌아가시자 정씨부인은 명정이 떨어졌던 자리에 장례를 치르고 얼마 후 자신도 그 자리에 묻혔다는 이야기다.

이야기의 진위야 어떻든 쌍유혈 명당이라는 두 분의 묘는 포은에 의해 유명해지고 알려진 것이 사실이며 실질적으로 득을 본 것은 저헌의 묘이기에 자손들이나 석물들을 볼 때 조금 더 나은 자리가 저헌의 자리라는 것을 짐작케 한다.

　대부분이 이와 비슷한 내용으로 남의 말을 엿들어 假風水가 되어 성공한 성공담이다. 좋은 묏자리를 잡아주었다는 것보다는 가난한 사람이 어떻게 부자가 되었는가 하는 것에 관심이 있는 설화다. 그러므로 주인공의 성공에만 관심이 있지 적덕이나 명당자리에 관한 내용은 논점에서 멀리 있다. 때에 따라서는 도움을 주는 경우가 특정인이 아닐 수도 있다. 명당에 대한 정보는 비교적 정확한 것으로 이를 통해 주인공은 항상 정해진 조력자가 없이 출세하기도 한다. 假風水로 자신이 풍수인지도 모르면서 풍수사가 되어버린 것이다. 그러나 풍수로 나선 용기와 명당을 찾고자 하는 욕구의 분출로 명당을 구하고야 마는 명당탐구형 설화라 하겠다.

　4) 偶然得地型
　우연득지형은 우연발복과 흡사한 이야기다. 다만 우연득지형에는 가짜 풍수가 등장하는 것이 다르다. 돈을 잘 버는 형이나 이웃을 보고 아무 것도 모르는 사람이 패철을 차고 나가 진짜 풍수 행세를 하며 밥도 잘 얻어먹고 나서 求山에 나선다. 며칠 간 잘 먹고 배가 부르다보니 자신이 가짜라는 것이 생각나서 산에서 도망치려다 넘어진 자리가 명당이라고 말하게 된다. 다른 방법이 없는 위기모면의 한 방법인데 상주는 묘를 쓰고 성공하게 된다. 후에 풍수공부를 해서 와보니 天下大地란 것을 알게 되는 정말 우연히 잡은 명당에 관한 이야기다. 이것은 自生風水의 흔적이 보이는 설화로 평범한 사람도 비범한 풍수가 잡지 못한 자리를 우연이지만 잡을 수 있다는 상황을 제시한다. 그것은 또 일반적으로 보기에 좋고 마음도 편하면 그런 곳이 명당이라는 자생풍수사상과도 一脈相通한다.

▶ 우연히 잡은 명당

그전에 한 사람이 한학을 하고 살았는데 다른 친구는 지리를 배워 가지고 돈을 잘 벌었다. 그래 매일 바느질품을 팔아서 어렵게 사는 부인이 남편더러 아랫집 양반은 지관일로 돈을 잘 버니 지관 좀 하라고 패철을 구해 주었다. 부인이 의복을 팔아 준 여비 삼십원을 가지고 패철을 차고 산을 넘다보니 나뭇꾼들이 자라를 잡아 장난을 치고 있었다. 자라가 불쌍해 그 사람은 삼십원을 주고 그 자라를 사 방생을 했다. 그리고 터덜터덜 걷다가 초상집이 있어 그곳으로 들어갔다. 과묵한 선비를 맏상제가 유능한 지관으로 알고 구산을 부탁한다. 처음에는 산에 안 가고 있다 방안에 연기 나는 곳을 알아 두었다가 지관들에게 그 사실을 알려 지리에 능통한 것처럼 하여 며칠을 잘 먹고 있다가 구산을 하러 갔는데 막막했다. 도망을 칠 요량으로 정상에 올라 명산 같아서 왔는데 그렇지 않다고 하고 하산을 했다. 그렇게 하다 제일 높은 봉에 올라갔다가 도망쳐 내려오다 앉은 곳을 늙은 자라가 알을 품는 형이라며 그곳에 묘를 쓰라고 일러 주었다. 장사를 지내고 큰 돈을 얻고 집에 오니 집도 고래 등 같은 기와집으로 바뀌어 있었다. 그래 잘 살게 되니 남의 재물에 대한 죄책감이 들어 산세공부를 삼년을 했다. 공부를 마치고 다시 와서 그 자리를 보니 명당이었다. 그래서 끝에 가면 복이 있는 사람이 복을 만난다는 것이다.

이런 설화는 가풍설화보다 소극적이어서 흥미는 다소 떨어진다. 假風水라도 좀 더 적극적인 행동이 있어야지 상황을 모면하려고만 하는 경우는 좋은 결과를 기대할 수 없기 때문이다. 명당을 얻는 것은 적선이 전제되어야 한다. 또 명당을 찾기 위한 최소한의 노력과 풍수사에게 필수적인 용기가 특히 필요한 勇氣譚이다. 부잣집에서 명당을 얻으면 후한 대접을 하는 것이 도리였다. 이러한 종류의 설화는 주로 음택풍수에만 해당한다. 이렇게 우연히 얻은 명당이야기는 대부분 주인공이 묘를 쓸 때의 상황이 우연히 그 묏자리의 풍수조건과 일치하는 경우이다.

명풍수만이 명당을 잡을 수 있다는 일반적인 관념을 깨고 우연히 명당을 얻을 수 있다는 것은 인생에 대한 폭넓은 사고가 있기 때문이다. 다음으로 절차가 까다로운 것을 배격하고 명당의 개념이 더욱 중요하다는 것을 인식하고 있는 한국적 사고방식이다. 이것이 우리 민족의 낙천적이고 해학적인 의식이라고 할 수 있다.

가풍설화의 의미와 분류를 통해 설화를 살펴본 결과 가풍수의 행위가 주로 부각되었다. 어부지리형은 선하고 용기 있는 자에 대한 善勇報答型 설화라 할 수 있으며, 신물보우는 하늘은 스스로 돕는 자를 돕는다는 천우신조에 근거한 善人報答型 이야기다. 명당규문은 명당을 차지하거나 찾고야 마는 명당탐구형 설화이고, 우연득지형은 적선을 전제로 명당을 얻는 용기담이라 하겠다.

가풍설화가 풍수문학으로 가는 길목에서 중요한 역할을 하였다. 용기담이 되든지 성공담이 되든지 간에 스토리가 필요하고 그에 따른 소설적 전개가 이루어지게 마련이다. 트릭스터에 의한 상황의 반전 또한 소설적 모티프가 되기도 하였다. 가풍수의 긴박한 상황이 소설적 전이 양상의 모태가 되고 있음을 알 수 있다.

### 3. 無風說話

무풍설화는 유명하거나 이름 있는 어떤 특정한 풍수가 등장하지 않고 이야기가 진행되는 경우가 많으며 풍수가 등장하더라도 그냥 이야기 진행상 필요한 단순한 사전적 의미의 풍수가 등장하는 경우의 설화이다. 그러다 보니 전설 같은 이야기도 많은데 이런 것들이 자생

풍수설화의 흔적이 아닌가 한다. 자생풍수가 신라시대부터 알게 모르게 전해져 오는 것과 전설들이 전해져 내려오는 것이 일맥상통하기 때문이다.

1) 偶然發福

이 설화는 주인공으로서 풍수가 등장하지 않는 풍수설화이다. 그저 풍수는 이야기 진행상 필요에 의해 설정된 인물일 뿐이다.

▶ 장군대좌(將軍對座) 명당

어떤 부자(父子)가 사는데 그 아들이 아버지 말은 절대 거역하지 않는 효자였다. 하루는 친구가 상을 당해 아버지께 고하니 남의 큰일에서는 절대 말을 하지 말아야 하는데 참을 수 있으면 가라며 보내 주었다. 말 한 마디를 잘못하면 자칫 큰일 날 수가 있기 때문이다. 삼 형제 상준데 광중을 짓고 하관(下棺)을 하는데 맏상제의 바지주머니에 있던 은장도가 광중으로 미끄러져 들어가는 것이었다. 광중에 쇠가 들어가는 것은 금기였다.

그런 일이 있은 후에 그렇게 묘를 쓴 그 집이 아주 잘 돼 삼형제가 다 고관대작(高官大爵)을 하고 잘 살게 되었다.

얼마 후 그 아들이 부친상을 당했는데 지나가던 지관이 찾아왔다. 그래 산 자릴 부탁하고 친구의 묘로 먼저 데리고 갔다. 그 묘를 보고는 지관이 그 집이 아주 폭삭 망했을 거라 하니 상주가 오히려 잘되어 삼 형제가 고관대작으로 잘산다고 하니 말이 안 된다며 묘를 제대로 썼을 리가 만무하다고 하였다.

그 이유를 물으니 이게 장군대좌명당인데 앞쪽에 또 장군대좌가 있어 서로 맞겨루는데 칼이 있어야 이긴다. 칼이 없으니 그럴 것이라고 생각한 것이다. 칼이 속에 들어 있는 것을 미리 알고 있는 상주는 지관을 더 볼 것 없이 집으로 데려와 묏자리 좋은데 잡아 잘 쓰고 잘 살았다.

신립장군 묘 원경 (화살표 부분이 신립장군 묘임)

신립장군 묘

뒤에서 바라본 안산

어떤 효자가 남의 초상집에 가 아버지 말대로 말없이 지켜보다 광중에 칼이 들어간걸 보았다. 조용히 있다 후에 부친의 상을 당해 그 묘가 장군대좌형이라 싸우려면 칼을 묻었어야 한다는 이야기를 듣고 그 사람을 불러다 부친 묏자리를 잡아 잘 살았다는 우연담이다. 한국적 자생풍수의 측면에서 볼 때 좋은 결과를 초래한 것이라고 할 수 있다. 우연발복설화는 자생풍수 성향이 짙은 적덕을 전제로 우연히 명당을 얻게 되는 행운담이다.

2) 諧謔風水

해학풍수에도 풍수가 많이 등장하지 않는다. 풍수가 등장하지 않아도 산소자리나 산소를 놓고 벌어지는 이야기가 주로 해학적으로 묘사되어 있다. 풍수설화를 분류하는 과정에서 특별히 분류하기 모호한 것도 이 범위에 포함시켰다.

▶ **정승 날 자리, 왕이 날 자리**

    오성대감이 일곱 살 때의 일이다. 그 집이 가난하였고 조부모가 일찍 돌아가셨다. 그래서 산에 묘를 썼는데 산이 넓어서 산소를 널찍하게 하나씩 썼다. 조부모 묘를 갈라서 써 놨는데 어떤 정승 집이 초상이 나서 하필 묘를 쓴다는 게 자기 조부 조모 사이에 쓰려고 터를 잡아 놓고 상여가 올라오는 것이었다. 올라오는데 자기 부모들은 큰 걱정만 하고 있었다. 세도를 가진 정승을 도저히 어찌 할 도리도 없어 걱정만 하고 있는데, 차일을 치고 광중을 짓고 묘파기 작업을 하는 것이었다. 그래 방관만 하고 있는데 오성대감이 아버지한테 자기가 묘를 못 쓰게 하겠다고 하는 것이었다. 일곱 살 먹으면 중의도 벗고 다닐 때인데 어린 네가 어쩌겠냐며 말리고 큰일 난다 하였으나 주의를 듣고 마침내 산역하는 데로 갔다. 올라가서 상주가 영위를 모셔 놓고 제상 차려 놓고 있는 그 앞에 엎드려 있는 데로 가서 손님들이 문상을 하고 이러는 데로 척 들어가 앉았다. 무례지만 드릴 말이 있다고 하며 저 묘와 저 묘는 우리 조부모 묘인데 여기 쓰면 좌정승이 나고 여기 쓰면 우정승이 날 자리다. 그리고 복판에 여기는 왜 우리가 못 썼냐 하면 그 자리는 왕이 날 자리기 때문이다. 이 말을 듣고 가만히 생각해 보니 왕 나는 데 썼다가는 역적이 되겠구나. 왕이라는 게 한 나라에 둘이 없는데. 잘 하면 왕이 되지만 임금을 없애지 못하면 역적이 되 버리는 거니 도저히 어떤 능력으로도 임금을 없앨 도리가 없으니 묘 쓰기를 포기하고 내려갔다고 한다.

    이 설화는 오성대감으로 잘 알려진 오성부원군 백사 이항복 선생의 어린 시절 이야기로 오성의 총명함이 모티프가 된 설화이다. 필운과 백사라는 호를 쓴 이항복 선생은 조선조의 명재상으로 벼슬이

좌의정(영의정 추증)에 이르렀다. 한음 이덕형과의 친분과 일화가 유명하여 만화와 책으로 지금도 많은 이야기가 회자되고 있다.

　포천군 가산면 방축리에서 백사의 묘를 알리는 안내판을 따라 묘역으로 가는 길은 시골 마을길을 한참이나 따라 들어가 찾을 수 있었다. 마을 구멍가게에서 선생의 묘 위치를 묻고 한참을 더 가서야 묘역을 만날 수 있었다. 다리를 건너면 먼저 사당이 보인다. 일반적으로 사당에서 좀 떨어진 곳에 묘가 있는데 백사의 묘는 바로 사당 뒤편 화산 옆 낮은 구릉에 있었다. 묘가 하도 평범하여 다른 곳에 있는가 하고 다른 곳을 둘러보았다. 그만큼 다른 정승들의 묘에 비해 소박한 느낌의 묘였다.

　경기도 기념물 제 24호인 이항복선생의 묘는 경기도 포천군 가산면 금현리 산 4번지에 있는데 回龍顧祖穴 또는 비룡승천형이라는 이야기가 전한다. 죽엽산을 주산으로 안산은 여자의 예쁜 눈썹을 닮은 아미사의 모습을 하여 확 트인 너른 들을 지나 오밀조밀한 전방의 산세가 안온한 명당으로 조성 당시 본래의 모습을 간직한 체 원형이 잘 보전되어 있었다. 후손들이 손을 댄 흔적이 거의 없었다. 둘레석을 두른 다른 정승들의 묘소에 비해 청백리라는 선생의 명성에 걸맞게 검소하고 단아한 모습으로 부인 안동 권씨와 쌍분이다. 바로 옆쪽으로 둘째부인 정경부인 금성오씨의 묘소가 있다.

백사 이항복 선생과 안동 권씨 묘

뒤에서 본 안산

백사의 사당과 현판

오성교에서 바라본 백사의 사당과 묘역

▶ 여주 벽절 지은 이야기

여주 벽절을 짓는데, 즉 신륵사를 지려고 목수가 재목을 맞추다보니 토막이 하나 부족했다. 그래 '참 정신도 없다' 하고 밖으로 나가니 도사가 하나를 감췄다고 한다. 정신상태를 보려고. 수백 명이 이엉을 엮는데 도선이 혼자 새끼를 꼬아댔다. 그러고 도선이가 가는데 집이 한 쪽으로 쏠려 건축하지 못하고 있었다. 길을 가다 밭가는 노인을 만났는데 도선이보다 미련한 소라고 욕을 한다. 그래 귀가 번쩍 뜨여 그 사람한테 선생님하며 불러보니 학의 등허리에 짓지 말고 양날개를 먼저 누르라 한다. 학의 터라 날개를 먼저 누르고 지으니 잘 되었다.

여주 벽절 다층전탑에 얽힌 설화다. 다층전탑은 보물 제226호로 건립연대는 정확히 알 수 없으나 전면에는 당초문이 반원 안에 조각되어 있는 총 높이 9.4미터의 탑의 전개의 문양 등으로 보아 고려시대 것으로 추정된다. 벽돌을 재료로 사용했고 강변 바위 위에 세워져 강을 오르내리는 사람들 눈에 호법신장처럼 느껴지기도 한다. 이 전탑으로 인해 신륵사를 벽절이라고도 한다. 영조 2년(1726)에 수리하여 다시 세웠다는 기록이 있다.

봉미산 신륵사 다층전탑

▶ 윤관장군과 산소 자리

　윤관(尹瓘)장군 묘를 쓸 때는 윤씨 세력이 좋아 명지관을 불러 아주 좋은 명당에 자리를 잡았다. 그런데 윤씨들이 세력이 약해지고 심씨들이 득세를 하자 지관을 불러 명당을 찾는데 소 한 마리에 천리마를 하나 바치고 윤관 장군 묘 위에 자리를 소점하여 그 자리에 묘를 쓰게 되었다. 그래 나중에 그걸 안 윤씨들이 돈 백만원을 주어 심씨네가 이장하기로 합의를 보았는데 그 당사자가 죽어 무위로 끝났다. 한편 6·25사변 때 폭탄이 떨어져 심씨네 비는 다 날아갔는데 윤관장군의 비는 이상이 없었다.

윤관 장군 묘

묘 앞에서 바라본 안산의 모습

묘역을 알리는 표석

홍살문 좌측이 사적비이고 우측이 신도비이다

경기도 기념물 제137호 효종 때 영의정을 지낸 심지원 어울묘 전부인 안동 권씨와 후처 해평 윤씨의 합장 묘이다.

심지원 묘에서 바라본 안산

### ▶ 청주 한씨 시조 묘 찾은 이야기

　청주 한씨 시조 산소는 이 근처인데 실전(失傳)을 했었다. 그런데 한 번 찾았다가 임란(壬亂)당시에 또 실전을 해서 산소와 땅을 잃어버렸는데 임진왜란 평란(平亂)이 되고 회군(回軍)해서 명나라 군사가 갈 적에 이여송(李如松)이의 앞에 지리학자 두사충(杜士忠)이라는 풍수가 왔다. 그 사람이 진(陣)자리를 잡아 줘야 군대 배진을 시키는데 평양에서 일차에 실패를 했다. 화가 난 이 여송이 두사충이를 군법으로 죽이려는데 초평 이씨(草坪李氏)에 벽오(碧梧)라고 하시는 분이 때 시(時)자, 필발(發)자를 쓰는 이조판서로 계신 분인데 이여송이를 달랬다.
　그래서 만류를 해서 팔년풍진(八年風塵) 끝나고 갈 때 두사충이 이대 감의 은공을 갚으려고 소청을 말하라 하니 남쪽에 낙향해 살 터를 봐달라고 하였다.
　그래 두사충이 경기도를 지나 상당성을 지나 대머리터를 잡아 주었다. 군마(軍馬) 행차가 오니 마을 선비가 그들이 온 이유를 물었고 여기는 청주한씨 시조 한태위공께서 사시던 터라 언젠가는 청주 한씨들이 와서 살 것이라는 말을 했다. 그 증거를 물으니 청주한씨 시조 한태위공께서 손수 파서 잡숫던 샘이 있고 무농정(務農亭) 정자 터가 그냥 있다는 것이었다. 이 이야기를 그 동생 풍천공(豊川公) 때 시(時)자, 얻을 득(得)자 십대조(十代祖)가 서울로 가서 사실을 알려 내직을 버리고 낙향을 했다. 내려 왔으나 시조 산소가 어디 있는지 알 수가 없어 이 터를 찾으신 분의 손자 되시는 분이 풍수지리를 하셨는데 그래서 어딘가 보니 가산(駕山)이라고 써 있고, 건좌(乾坐) 손향(巽向)이라는 그 터가 있는데 문적을 알 수가 없었다. 그래 못 찾고 그때 청주목사로 와 계신 백(伯)자, 겸(謙)자 쓰시는 분인데 한가라는 정씨네 머슴을 사는 동자가 찾아와 시조산소를 찾는 단서를 주었다. 새벽에 쇠죽을 쑤러 가다가 주인 내외가 하는 말을 들은 것이다. 대머리 산은 한씨네 산인데 노씨네가 비석을 버리고 시조산소를 없애고 터를 잡고 있다는 것이었다. 그래 그곳에 가 쇠를 놓고 보니 멍에 가(駕)자 가산이라. 그 산소를 명종 때 지금으로부터 300년 전 송산을 해 찾았습니다.

충청북도 기념물 제 72호인 청주한씨 시조 한란(韓蘭)과 부인 송씨의 합장 묘와 신도비는 충북 청원군 남일면 가산리 산 18에 있다. 원래 무덤은 조선 효종 10년(1659)에 파손된 것을 현종 4년(1663)에 개장하고, 숙종 16년(1690)에 묘역을 복원하였다고 한다. 매몰되었던 묘비와 상석을 찾아 세우고, 개축할 때 세운 문인석과 용마석이 있다. 묘소 아래에는 한익모가 찬하여 영조 44년(1768)에 세운 신도비가 있다.

한란은 청주한씨의 시조로 고려 태조가 후백제의 견훤을 정벌하려고 그의 집 앞을 지나갈 때 나와 맞이하여 집앞의 우물물을 식수로 공급하고, 종군하여 삼한 통합에 공을 세워 삼중대광태위가 되고, 개국 벽상공신에 올랐다. 우물이 네모가 져서 방정(方井)이라 하였다고 한다.

방정에서 바라본 청주한씨 시조 한란의 묘역
묘역 사진 오른쪽 끝부분에 신도비와 비각이 있다

묘역 오른쪽에 위치한 고옥

청주한씨 시조 묘 전경

묘 뒤에서 바라본 조 안산

구암 선생의 신도비
귀부(거북 모양의 비석 받침돌)
거북이가 고개를 돌려 산소 쪽을
바라보고 있는 게 특징이다.
청주한씨 시조 묘를 찾은 장본인
으로 설화에 등장한다.

경기도 기념물 제 165호인 조선중기의 문신인 구암 한백겸(1552~1615) 선생의 묘는 경기도 여주군 강천면 부평리 481-1에 있다. 한백겸은 청주 한씨로 선조 12년(1579)생원시에 합격하고 선조 18년 교정청에서 경서훈해 등의 교정을 보았다. 선조22년 정여립의 모반사건 때 모반에 실패하여 자살한 정여립의 시신을 거두어 장례를 치러주었는데 이로 인해 곤장을 맞고 귀양갔다가 임진왜란 때 사면되었다. 석방될 때 적군에게 아부하여 반란을 선동한 자들을 처형하여 그 공로로 관직에 재임용되었다. 선조 10년 호조참의가 되어 대동법을 시행하는 계기를 만들었으며 선조 41년 선조가 죽자 그 상례를 주관하였다. 역학에 해박하여 선조 때 편찬하기 시작했던 주역전의의 교정을 보았다. 또한 실학의 선구자로서 실증적이며 고증적인 방법으로 조선의 역사 지리를 연구하고 종래 역사가들의 학설을 비판 수정하여 이 방면에 새로운 관심을 고양하였다. 그 결과로 동국지리지 기진도 구암집 등의 저술을 남겼으며 원주의 칠봉서원에 제향되었다.

구암 선생의 묘

뒤에서 바라본 안산의 모습

청주한씨 중시조 문정공 한계희 선생 묘역
사당 중창 사업이 한창이다.

문정공 묘역에서 바라본 안산

문정공 묘는 성남시 분당구 율동 산 2-1 율동공원 내에 있다.

▶ 말무덤 전설

횡성읍 마산리에 말미라고 하는 말 무덤이 지금도 있다. 장사가 있었는데 힘이 세 삼십 명 하고 줄다리기를 해도 나막신 뒤꿈치가 들릴 정도였습니다. 그 장사는 어릴 때부터 나라가 어려우면 나가 싸우려고 활쏘기와 말달리기 훈련을 하며 살았다. 그는 말을 하나 키우고 있었는데 하루는 동네청년들과 내기를 하기로 하였다. 동네 건너 표적에다 활을 쏴서 말이 빠르면 그대로 두고 화살이 빠르면 말을 갈아치우겠다는 것이었다. 그렇게 한 번 실험을 해 보기로 하여 표적을 세워놓고 등성이에서 활을 쏘고 말을 달려 표적을 향해 달리는 것이었다.

그래 목표지점에 오니까, 이 사람이 생각하기를 벌써 화살이 먼저 와 있을 것이라고 생각을 하고 와 보니까 화살이 표적에 없는 것이었다. 그래 말이 화살보다 늦구나 하고 말의 목을 치니 그때서야 화살이 날아와 표적에 박히는 것이었다. 그래 후회를 하고 말무덤을 만들어 주었다.

좌측이 윤시중 교자총이고 우측이 윤시중 전마총

이경류와 배 안동권씨 사이에 있는 말무덤

### ▶ 효자가 태어난 명당

우리 육대조(六代祖)께서 호조참판(戶曹參判)인데 그 할아버지가 아들 둘을 두셨습니다. 산송(山訟)을 한 일도 있지만 할아버지 산소를 박달산에 썼다 전주골 뒤에 이장을 했는데 거기다 묘를 쓰면 장자(長子)는 일찍 죽고 차자(次子)는 다리 저는 병신이 된다는 것이다. 그래 5대조 장자는 죽고 차자는 효자였다. 할머니가 편찮으시니 용봉탕(龍鳳湯)을 해드려야 좋다고 해 닭은 구했는데 잉어는 홍수로 구하기가 힘들었다. 그런데 잉어를 구하러 나가 울부짖고 구해야하겠다고 막 자식도리를 하겠다고 하니 어떻게 잉어 한 마리를 잡을 수가 있었다. 그래서 참 용봉탕을 해드렸다. 그래 우리 5대조 효자문이 여기 있습니다.

대전시 동구 대청동 육진태 효자정려

효자가 많은 우리나라 곳곳에 정려비가 많이 있다.

199

이 설화에는 풍수에 대한 이야기가 전혀 없다. 명당면례 설화도 있지만 이장은 가능하면 안 하는 것이 하는 것보다 낫다는 속설이 전해진다. 조선시대 명풍 남사고도 자신의 부모를 구천십장하고도 명당에 모시지 못했다는 명당면례 실패담 설화는 전국 지방에서 고루 보인다.

이 설화는 능력이 없어도 지혜만 있으면 잘 살 수 있다는 해학적인 이야기다. 笑話에 가까운 해학적인 요소가 다분한 智慧譚이라고 할 수 있다. 명풍수는 명당을 잡아야만 하고 가짜풍수는 발각되지 않고 풍수로 성공하는 이야기를 빼고도 해학적인 요소의 풍수설화가 많은 이유는 설화가 첨삭되어 구전되는 과정에서 청자를 위하여 풍수가 빠지고 유머러스한 내용이 추가되었다고 본다.

무풍설화의 의미와 분류를 통해 설화를 살펴본 결과 해학적인 요소가 주로 부각되었다. 우연발복은 자생풍수 성향이 짙은 적덕을 전제로 한 행운담이며, 해학풍수는 소화에 가까운 해학적인 요소가 다분한 지혜담이었다.

제 3 장
# 풍수설화의 문학사적 의의

## 제1절 풍수설화의 개념과 본질

### 1. 풍수설화의 개념

풍수설화는 풍수사상을 모티프로 하여 형성된 설화로 現世求福의 의지를 강하게 담고 있는 名風說話와 우연히 명당을 얻게 된 假風說話, 그리고 풍수의 비중이 미약한 無風說話로 나누었다. 설화는 오랜 세월이 지나며 이루어진 작품이기 때문에 문자화 되는 과정에서 많은 添削을 겪게 되어 있다. 그럼에도 불구하고 풍수설화가 口碑文學에 큰 비중을 차지하고 있음은 그만큼 民衆性이 강하다는 것을 뜻한다. 이야기를 듣는 사람에게 공감대를 형성하였고, 그러한 思考作用을 통해서 후대로 이어지는데 중요한 역할을 한 결과이다. 즉 민족성에 깃든 興味面, 機能面, 意識面에서 대중의 공감을 얻었던 것이다.55) 이러한 풍수설화의 이론적 바탕이 되는 것이 陰陽五行說

---

55) 申月均, 전게서, p.216.

인데, 중국의 사상이 우리나라에 전래되기 전부터 자생적으로 발전해 왔다. <석탈해>의 신화가 그것이다. 그러다가 중국으로부터 『靑烏經』이나 『錦囊經』 같은 책이 유입되면서 더욱 발전하기 시작하여 儒學이나 民間信仰 등과 어울려 조선시대에 급속히 민간에 유포되었던 것이다.

명풍수설화는 풍수설의 실제이론을 숙지하고 그것을 시행하는 풍수에 관한 이야기다. 따라서 풍수의 행위를 중요한 관심사로 제기하고 이야기의 역동적 모티프로 삼는다. 이때의 풍수는 풍수설에서 지칭하는 풍수 이상의 의미를 지닌 존재론적 변환을 가지는 인물로 표상된다.[56]

에- 우리 어려서 들은 얘긴디, 선생님이 그런 말씀을 허데요. 재관, 지관(地官)이 이 한국으서는 이 땅, 지리로는 제일 잘 알으는 양반이었었대요. 그 양반이 참 이 한국의서는 제일 잘하는디, 대국 가서, 응 참 지리 박사가 많다고 항이께, 거기를 가는 챔이여. 거기를 가는 챔인디, 참 그전에는 뭐 기차나 있시유, 뭐 비행기나 있시유? 인자 그걸 이 한국서 대국을 갈라믄, 인자 참 돈두 좀 갖구 걸어갈랑가. 인자 짚신두 많이 뒤에다 젊어지구 이러구 나섰던게벼. 나서서 한 골짜기루 들어가는디 참 암만 가두 인가가 없시유. 그래서 참 한가안디를(한가한 데를) 강게 참 인- 집이 하나 있드래요. 고거를 막 가니께는(가니까) 막 비가 쏟아져 근디 가서 봉게 애덜 하나 허구. 즈어머니 허구 둘이 살다 즈어머니가 돌아가셨드래요. 즈어머니가 돌아가셨는데, 이거 비가 와서 어디가두 못허것구 거기서 인자 신체방에서 인자- 그 꼬마둥이, 그 때 열다섯 살인가 그렇게 먹은 꼬마둥이하고 시방 잠을 자고 있는데 이 애를 어떻게 복구를 해 주구 가야겠는데, 참 응 인제 지리는 잘 앙게.

---

56) 張長植, 전게서, p.167.

그 후딱 명당을 써서 야(이애)를 복구를 해줘야 할렁가, 어찌 할랑가 궁금앓이를 하고 있는데, 참 그 이튿날 아침에는 비가 개드래요. 그래 참 뒷산이를 가서 으, 사방을 둘러봉게 참 묏자리 한 간데(군데)가 있드래요. 그래 그 아이더러,

"야, 여기서 인부를 살라면 어디 가서 사냐?"

하니께,

"한 십 리나 이십 리나 가야 사람을 데려 온다구."

그러드래요. 그전이는 그렇게 인, 아마 사람이 귀하게 살았든개벼. 그래 참 한 이십리를 와가지고 참 부인 하나, 남자 두 분. 이렇게 하는디, 마포(麻布)를 한 필을 떠갖구 오라구러드래요. 마피를 참 한필 떠가 오래서 마피를 한 필을 떠왔는데, 에, 그 부인떠러 마포를 그 상복을 짓는디, 그 집이는 여자가 없는디, 여자옷을 또 한 벌, 짓거든요. 응 그 애 열다섯살 먹은 애빾이 없는디, 여자옷을 또 한 벌 짓더라 이거에요. 그러더니 여자 상복두 딱 꾸며놓고 남자 상복두 딱 꾸며 놔요. 그러더니, 그 두 남자떠러, 그 참 지관이 풍수루 그 애의 즈어머니를 잘 혀서 해서 저 떼메다가 인자 사람 둘인게루 묏자리를 팠시유. 파고는 인제 이 사람들 둘이 와서 떼메다가 참 넣구서는 봉분(封墳)을 지어요. 봉분을 짓구 평토지(平土祭)를 지내요. 평토지를 그 전이는 참 평토지, 시방도 평토지가 있지만, 평토지를 지내는디,

"곡이라(곡해라)."

그 지관이 그래요. 그 열다섯 살 먹은 애들을 뫼― 이자 한참 서럽게 우는디, 느닷없이 어떤 처녀가 막 죽어라구 와요. 죽어라구 오더니 거기 와 푹 묘 앞에 가 꺼꾸러져 버리거든. 그러니까 그 지관이 냅대 그 옷을 줏어 입히더니 그 머리나 그 전이는 동애줄을 틀었어요. 이렇게 씌는 것이 있어요. [손으로 머리에 쓰는 시늉을 한다.] 그놈을 씌워 주고 인자 궁게 그냥 그 여자도 거기서 우는 거여. 우는디, 조끔 있드니 막 말을 타구 둘인가 셋인가 왔드래요. 큰 그냥 호말을 타고, 참 와서는,

"아 여기 여자는 안 왔냐구. 여기 여자는 안 왔냐구."

궁개루,

"아 이거 여자 안 왔다구."

하니께,

"아 저 아래 내려가 보라구."

싹 가버렸는데, 그건 그 전이는 정승 딸들 허구 즈오빠들 하구 대결이 많이 있시유. 글 갖구두 허구 뭐 목 비는거, 이런거 참 내기두 많이 있드만요. 그 전 역사를 들어보면…. 근디 그런 글갖구 다투다가 그런 내기를 했든개벼. 궁개 지기기는(죽이기는) 싫고 헝게 즈어머니가,

"너는 금이라두 조끔 갖구 도망을 가봐라."

이렇게 했든가. 참 그 지관이 그 전이는 그런 명수가 있었대요. 응 금시발복(今時發福)이라는게 아마 그런 데서 난 것인가벼. 궁개로 그 지관이 그런 사람을 만나서 저 애를 잘 살게 해서 금시발복을 잡아서 줬다 하는 이런 얘깁니다.

1-1. pp.94-96.

위의 이야기는 풍수를 잘 만나서 금시에 발복한 내용이다. 여기서의 풍수는 명풍수로 미래를 예견할 줄 아는 사람이다. 天上的 秩序를 現世에 보여준 것이다. 풍수는 인간적 차원을 넘어서야 한다. 풍수는 道의 차원에 들어가야 천상적 실체를 볼 수 있다. 이렇게 풍수를 지술의 차원으로 轉移시켜 이해하려는 의미를 구체화해 보면 명당은 인간의 복을 구현시켜줄 수 있는 성의 顯穴處라 믿는 의식에 풍수설의 존재기반이 있다.57) 실제로 명당을 찾는 것은 바늘구멍을 찾는 것만큼 어렵다고 한다. 그러므로 명당을 잘 찾을 수 있는 명풍수는 사제의 위상에 대치된다. 풍수사는 하늘이 낸다는 의식이 깃들어 있다.

---

57) 상게서, p.168.

다음으로 가풍수담이 있다. 이런 이야기는 풍수의 원리와 다소 동떨어지고, 그 행위가 여타의 풍수설화와 거리가 있다. 그러나 내용 전반을 살피면 풍수와 관계된 결과가 나타나는 이야기 군이다. 풍수설화의 보편적 세계관이 내재되어 있는 것을 볼 수 있다. 假風水의 주인공은 전문적인 기술이나 능력이 없이 새로운 상황에 무작정 직면하는 당돌함을 보여준다. 이러한 당돌함이 수용될 수 있는 것은 풍수를 어떤 이유로 수용해야 하는 당위성과 필연성을 근거로 한다. 풍수의 지술을 필요로 하는 인물은 보통 지체 높은 부자로 표현되는 인물들이다. 이들은 삶의 기본적인 문제를 해결하기 위해서 도전하는 假風水와는 달리 기본적인 삶의 조건을 넘어선 문제에 대해 관심을 집중하는 계층이다.

어딜 가느라니까 사람이 잔뜩 많이 모여 있어. 그래 동네에서 얘기를 들어보니까,

"고 아무개 정승이 돌아갔는데, 그 정승에 산소 자리를 잡을려고 지금 디는 판인데 당신들에게 술이구 뭐 밥이구 간에 먹을 수, 먹을 수 있을테니까 가져가시오."

그래 그 때는 음, 전 조선 천지가 치술 꽤나 헌다는 사람은 다 모여들 판인데〔조사자 : 옳지, 치술요?〕예. 에 거길 들어갔어요. 이놈이 재수가 좋았던 모양이지요?

"새루(새로) 아, 지관이 하나 왔다."

하니깐, 아 아주 추럭같이 이렇게 좋은 방에다 잘 갖다 바칠 수 밖에. 체 큰 일 났단 말야. 한 이틀 동안은 잘 멕여서(먹여서)〔웃음〕참 옷두 잘 해 입혀서 그래서 참 추럭겉이 대접을 허는데 다 허구나서 가만히 저녁엔 인저,

"내일 아침에 인저 떠나야 허것다. 여기 있다가 망신을 당하겠다."

〔웃음〕인제 새벽녘이 됐는데 아, 문을 '뚝뚝뚝' 뚜드리는 소리가

나. 그래 인자,

"웬 일인가?"

허구. 이렇게 문을 옆에 서서 문을 이렇게 열면서 [문을 여는 시늉을 함],

"누구요?"

허니까, 여자의 목소리가 나.

"뭐냐? 웬 사람이 이렇게 웬 여자가 이렇게 남자가 자는 방에 들어오느냐?"

아주 한 상을 떡 벌어지게 차려 가지구 들어오구, 들어차서 대접을 허는 거야.

"선생님께서 오셨다 해서 집안에서는 아주 내일을 선생을 모시구 산에 올라가실려구 하는데 올라가시며는 꼭 제 말 한 말씸(말씀)만 들어주십시오. 어차피 죽어야 할 사람인데 사람 하나(살펴)주시오면…."

"그래 뭘 어떻게 해달래는 거냐?"

하니까,

"하여간 내일 산에 올라가서 이러구 저러구 하십시요."

"그러시오."

그래 인제 그날 저녁에 색시는 인제 들어가구, 술 한 잔 잘 얻어먹구. 그리구 또 뭐 지금우루이면 그래두 그 경보라구 헐까, 가볍게 되는 참 보물 겉은 걸 많이 줘서 인제 받아가지구서 인제 넣구선 '에 이같은 놈으걸 (이같은 놈의 것을) 쉽게 내일 새벽에 떠나야 되겠다.' 허는 날 저녁에 〔웃음〕 자 그래서 그 여자가 들어와서 혀는 얘기 다 듣구서,

"그래 올라가자."

그래 뭘 알아야지. 〔웃음〕 이거 무슨 산세를 알어? 무슨 지리학적으로 뭘 아는 게 있어? 무슨 좌청룡이다, 우백호다 허는, 이런 것두 전혀 아무것두 모르는 놈, 녀석이 거길 그래 올라가는 거야. 얘기 뭐 이 청년이,

"뛰서(뛰어서) 도망가는 샘 밖에 없다."

허구서 인제 그냥 뛰(뛰어) 달아나는 거야. 그냥 아 뛰 내려가는, 산꼭대기 까지 치달려서 그냥 그냥 내때(냅다) 달아나니까는 그냥 뛰어 같이 오던 사람들도 제(죄) 따라 오질 못 혀는 거야. 자 이거 올 데 갈 데 없이 죽게 됐단 말야. 그래 덜버덕 주저 앉은 거야. 그래 자 주저 앉은 그 자리가 가만히 보니까 그냥 〔조사조 : 평펌한데.〕 〔웃음〕 평 펼한 것이 금잔디가 쭉 깔려있는 것이 좋은 자리란 말야. 아 여기서 손뼉을 탁 치면서,

"여기가 대지다. 아, 팔삭둥이를 낳갔다."

그거야요. 〔조사조 : 팔삭둥이?〕 으 인제 팔삭둥이래는 게, 인저 뭐 대개 열달 되야 어린애가 낳는 거 아냐요?

"팔삭둥이 낳갔다."

열달 달만에 아들을. 호래(호랑이) 소위 호래가 열달 달만에 낳는답니다. 그런데 그 여자가 어떻게 돼서 시집오기 전에 으 시집오기 전에 어떻게 옥낭자와 관계가 있어 가지구선 어린애 든 지가 두 달만에 시집을 왔다이거야. 그래 인제 들어온 지 열달 달만에 아들 아들을 낳는지, 딸을 낳는지 허는 그 여자는 에 뭐 탄로가 날 테구 그러니까 자기 죽은 거 아니겠어요? 〔조사조 : 살릴라구 초상이 났네여?〕 예. 그래서 사람을 살려달라 하구서 인제 돈도 주구 뭐 무슨 경보도 주구 해서 거시기 된 거야. 그리쟈 마치 그 아다리가 맞은 거야. 말하자면 그러니까 인제 뛰 달아나다가 덜버덕 주저앉아 더 달아날 수도 없구 죽게 됐지. 덜버덕 주저앉으면서 탕 치면서,

"여기다 대지다."

이거야. 그러면서,

"여기다가 아 산소를 쓰며는 팔삭둥이를 낳겼다."

그래 팔삭둥이 쳐 놓구서 팔자가 나쁜 놈이 없답니다. 대개 그 참 고관 대작허는 사람들 머리가, 그 팔삭둥이가 머리가 좋데요. 그래서 그 여자 하나를 살리구 대지를 얻어 줬다가 그런 얘기가 있어요.

1-8. pp.547-550.

위의 설화는 주인공이 취하는 속임수가 사기행위로 출발하였지만 결국에는 며느리의 도움으로 위기에 처한 며느리를 구하며 자신도 吉地를 잡음으로써 가난으로부터 탈출하고 해피엔딩으로 끝을 맺는다. 그 성공의 매개체가 되는 며느리는 오랜 기간 풍수들로부터 들은 지식을 기반으로 하여 假風水에게 도움을 주고 자신과 함께 위기에서 탈출하는 것이다. 이때의 매개자는 신이한 능력을 가진 머슴이나 산신이 도움을 주기도 하지만 가풍 스스로가 쌓은 덕으로 인하여 좋은 자리를 우연히 찾는 경우가 대부분이다. 이런 행위가 개별적인 차이는 있을지라도, 우리가 알아야할 것은 이런 행위들이 삶에 수용될 수 있는 현실에 대한 인식인 것이다.
　전승집단을 형성한 세계는 실질적으로 우연이나 엉뚱함만으로 변화되는 그런 비논리적인 것은 아니다. 그럼에도 이야기의 세계에서는 비논리적인 것을 논리적으로 가능케 하고, 비논리적인 것을 논리적으로 만들기 위해 온갖 수단을 동원함으로써 이야기의 전반적인 부분에 논리성을 부여하는 것이다. 이러한 논리가 가풍수담의 세계관이며 인생담이 되는 것이다.
　이런 모든 행위가 명당과 관련된 우리의 전통사상과 명당을 삶의 일부분으로 수용한 우리의 의식으로 볼 수 있다.
　무풍설화에는 대부분의 이야기에 일반적으로 유명한 풍수가 등장하지 않고 우리 조상들의 풍수에 대한 해학적인 이야기가 주를 이룬다. 간혹 등장하는 풍수는 이야기를 진행시키기 위한 매개자 역할이며 이름조차 거론되지 않는다. 그러다보니 주인공의 행위에 따라 우연히 발복하는 경우가 많고 다분히 권선징악적이고 희극적인 이야기가 대부분이다.

참 옛날예요. 참 지끔으 일루 허면— 지끔으 일루 허면 저 뭐 고아— 고아라 그리니까 그런 인제 아이가 하나 있습니다. 그런데 의지가 없어서 참 돌아댕기다가 한 열 대여섯 살 되니까, 이제 장성이 거진 되니까는 제 밥벌이를 해야 갔어서, 참 이런 촌에 들어가서 에 모심(머슴)을 살았에요. 남에 집 모심을— 모심을 사는데, 게 밥이나 얻어 먹구 저 모심 사는데, 그 동네에 나뭇꾼 아이들이 한 이십 명 돼요. 그래 인제 밥을— 아침 먹구 인제 낭구 지겔 짊어지구, 지게 목발 뚜들기구 인제 노래두 허구, 인제 저 건넛산으루다가 인제 낭굴 허러 가는데, 그래 어떤 아이들이 허는 말이,

"여 우리 상여놀이 한 마디 허자. 상여놀이 허자."

그래 저 상여 나가는 거 인제 귀경했거던. 그래서,

"허자."

그래,

"그래 상여놀이 어떻 허니?"

"저 건너 저기 저 물방아간 있쟎으냐? 거기 가서 물방아깽이 하나를 그 저 **빼버린** 게 있어. 못 써 서— 그거 하나 갖다가 그거 신체를 삼구, 신체— 신체를 삼구, 우리 저 낭굴 베서 칡으루 끊어서 생열(상여를) 맨들어가주구, 우리 한 이십 명이 미구, 어떤 사람은— 어떤 애 하나 갖다가 에— 상제를 삼아서, 그걸 갖다가 이 칡 잎사구 뭐 이런 걸루다 해설랑 어떻게 저 뭐 굴관제복(屈冠祭服) 겉은 거두 하나 맨들어 입히구, 또 나무 뿌릴 하날 비서, 상주 막대길 해가주구 곡을 허라 그리구, 우린 상여소릴 허구 가다가 어따 묻구 가자."

그랬단 말씀예요. 그래 '그리자' 허구 인제 애들이 한 이십씩이 된 애들이 인제 그랬는데, 그 방아깽이 갖다 참 인제— 인제 뭐 스물 한 몇인가, 일곱 몇인가 묶어서 인제 생여에다 실구, 나묵대기를 요렇게 해서 저기서 그냥 장난이죠. 그래서 미구 가다가 산등생이 가다 묻었단 말씀예요. 묻어 놓구는 그 인제 한 아이는 인제 상제 노릇헐 아이가 없에요. 그래 즈이 어머니 아버지 동네 다 있는 아(애)들덜이구, 그런데

209

그 남에 집 사는 집 아이는 에미 에비두 없거던.
"얘 너는 어머니 아버지두 없는데 니가 상제 노릇해라."
이랬에요. 그니까 아들이 허래니까 해야지 어떡해요.
"그래 그럼 내가 허자."
그래 개가 상주막대길 짚구서 참 곡을 허구, 곡을 해서 새여 뒤를 쫓아갔습니다. 갔는데, 가니까— 가서 참 장살 지냈에요. 지내구 와서— 인제 지내구 참 땔낭굴 해가주구 와서 지내갔는데 애가 한 이십 세가 되니까는 그 마을에서… 남에 집을 살아두 애가 참했에요. 아주 얌전허구 참해서 그 동네 참 딸 둔 사람들이,
"에유, 개는 참 아무 것두 없는 애래두 참허다. 그 사윗감이 된다."
이래서 장갈 들었에요. 그 동네서. 그래가주구서는 아 장가 들구, 인제 장가 드니까는 어떻게 어떻게 해서 사는 것이 차차차차 부자가 됐에요. 그래서 그 때 옛날에는 집을 맘대루 짓게 되— 하는 때니까, 집을 진— 사방집을 떡 짓구, 사랑을 떡 했는데, 참 곧잘 살았에요. 근데 어느 날은 어떤 참 옷갓을 헌 노인네가 한 분이 오드래.
"거 오늘 해는 저물어 가구 이거 젊은이네 집에서 하루 저녁 쉬어 갈 수 없소?"
그랬단 말씀이야.
"아이 쉬어 가십시오."
그랬단 말이야. 그러니까 그 저— 노인네 말씀이,
"게 당신은— 젊은이는 에 고향은 어디고 선산은 어디냐?"
그거를 묻드란 말이야.
"그래 저는 고향도 모르고…."
선산은 없다구 헐 수도 없구 그래서,
"저기 저 우리 아버지 산소를 저 건너다 썼습니다."
이랬단 말야. [조사자 : 공이 묻은 데요?]
공이— 저 방아굉이 묻은 자리야.
"그랴. 그건 젊은이 산소— 저 선산이 거기래믄 나 한 번 가 보자"

210

가 봤에요. 가 보니까 참 대지(大地)에요. 천하 대지야. 그래서 그 방아꽁이 묻은 자리가 저이 아버지두 아니구 나묵대기건만, 저이 아버지루 뫼셔 놨기 때문에 그리 혼령이 와서 그랬는지, 하여튼 그 자리가 대지구 그 사람이 그냥 점점 부자가 돼서 그 동네선 아주 왕초가 됐다 합니다. 이런 얘기두 있습니다.

1-4. pp.1018-1021

　　이 설화에도 풍수라고 등장하는 사람은 없다. 그냥 삿갓을 한 노인네가 와서 젊은이 고향과 선산을 물으니 선산이 없다고 말할 수 없어 어릴 때 상제놀이를 하며 방아공이를 묻은 곳을 자기 아버지 산소라고 하며 보여 준다. 노인네는 전문 풍수가 아니면서도 천하대지임을 말한다. 방아공이를 묻은 곳에 아버지 혼령이 깃들어 결국에는 발복을 하고 잘 살게 되었다는 이야기로 일반 서민들이 꿈을 이루는 한 수단으로 풍수설화를 이용한 것으로 보인다. 나무토막에라도 정성을 드리면 복을 받는다는 구복사상이 깃든 이야기다.

## 2. 風水說話의 本質

　　풍수설은 초월적 힘에 의해 인간의 길흉화복이 좌우된다는 운명론을 전제로 하고 있으며 민간에서는 그러한 운명론에 근거하여 풍수설에 대한 의존도가 높아 민간신앙으로 자리를 잡은 것이다. 따라서 풍수설화 역시 신앙담이나 운명담으로 분류된 것[58]이 많다. 이러한 설화를 본질적인 면에서 검토하면 다음과 같은 의의를 부여할 수 있다.

---

58) 申月均, 전게 논문, p.11.

1) 文藝史的 意義

설화가 재미있어야 한다는 것은 구비문학이 갖고 있는 공통적인 내용이다. 특히 구비문학은 聽者가 있어야 하는 관계로 눈앞의 청중들에 의해 곧바로 반응을 확인할 수 있다. 이야기가 재미없으면 설화는 즉시 생명력을 잃게 된다. 이렇게 흥미 위주로 이야기를 전개하다 보면 이야기가 원래의 논지에서 벗어나 오락적인 기능만 강조하게 된다. 이러한 것은 발전하여 드라마틱한 긴장감을 더해주며 설화의 문예적 가치를 높여주는 계기가 되기도 한다.

오성대감이 일곱 살 먹을 땐데, 거 그 집이도 참, 그 오성대감— 전에는 아마 미천했든지, 뭐 별로 참 번창한 집이 못 됐던 모양이지요. 그런데 인제 오성대감의 저 조부가 인제 조부 내외가 돌아가셨단 말요. 조부조모가 돌아가셨는데, 그 인제 산에다 인제 묘를 섰는데, 그때쯤 되면 참 땅도 너르고 이러니끼네, 산— 산소를 여기에 하나 쓰면 한, 한 몇십 메타 나가가주구 또 산소 이래 시고 이랬거든. 그 인제 조부 조모 묘로 인제 갈라 서(써) 놨는데, 아 그 아래 어떤 정승으 [제보자: 이거 뭐 야담이지] 어떤 정승으 집이서 또 초상이 나가주구 하필 묘를 슨다는 기 자기 조부 조모 사이에 거그 가 묘를 슬라고 터를 잡아 놓고 아생여가 올라온단 말야. 올라오는데 즈그 자기 부모들은 참 큰 걱정을 하고 있지. 세력을 가지고 도저히 못시게 할 도리도 없고, 이래 인제 걱정을 하고 있는 판인데, 그 와가지고 차일로 치고 그 뭐 구실 파고 이제 이런단 말야. 이라는 판에 자기 부모들은 참 문 앞에 나가도 못하고 방에 앉아갖고 뭐, 뭐, 참 걱정만 하고 있지.

"뭐 서봐야 도리 없는 도리니."

이래 있는데, 오성대감이 그 자기 아버지한테, 그 때 참 일 곱 살 먹으면 중의도 벗고 다닐 때란 말여. 이 그래가지고,

"내가 올라가 저 묘를 못시게 할랍니다."

"니가 어이 가느냐? 앞집에 가 말또 마라. 갔다가 우리집이 큰일난다. 그러니 그만 도라."

아, 이라니끼니,

"내가 올라가 묘— 묘 못시게 한다고."

그 참 주의를 받고 쫓아 올라갔단 말야. 올라가가지고 인제 상주가 인제 그, 그, 그 영위를 모셔 놓고 그 인자 제상 차려 놓고 있는 그 앞에 인자 엎드려가 있거든. 그저 손님들은 와 인자 문상을 하고 이러는데 그 척 들어앉아,

"동자는 무례올시다."

중의 벗은 사람이 거기 척 들어 앉아 가지고,

"그 내가 무신 저 드릴 말이 있어 왔습니다."

하니께루,

"뭐냐."

말하라고, 인자 상주가 인자 이라거든. 그러니,

"사실 저 묘와 저 묘는 우리 조부 묘라구. 조부 조모 묜데, 요기 시머는 좌정승이 나고 요기 시면 우정승이 날 자리라. 그리고 복판에 여기는 왜 우리가 못스느냐며는, 복판에는 구판에는, 여기는 시면 왕이 날 자리라. 왕이 날 자리라 우리가 여기는 빼놓고 좌우 정승 날 자리만 우리 섰습니다."

그 가만히 정승, 그 묘 시러 오는 사람이, 가만히 생각해 보니, 자, 양쪽에 좌우 정승 난다는데 복판에는 또 왕이 난다니, 자 왕 나는 데 섰다가는 이거 역적이 되뿔겠단 말야. 왕이— 왕이라는게 한 나라에 둘이 없을텐데 말야. 왕을 없애— 쳐 없앨라면 그 역적이 되야, 인자 저. 쳐 없애는 기고 나중에 역— 왕을 제대로 쳐 없애쁘리면 또 새로 등극을 한 수 있지마는 까딱하가 기대로(그대로) 저 뒤에 있던 저 임군을 없애지 못하면 역적이 되뻐리는 게란 말여. 도저히 이 내 세력을 가지구는 임금을 없앨 도리가 없는데, 여기 왕이 난다는 소리를 듣구 여기다 섰다가는 내가 역적이 되니 여기 섰다가는 큰일나것다구는, 고만 봇짐을

싸가지구 내처 가드래요. 그래 가 오성대감이….

1-1. pp.92-94.

이 설화는 다른 지방에서도 다른 이름으로 많이 채록된 설화이다. 어린 항복이가 미천한 자기 집을 대표해 권세가가 자기 할아버지와 할머니 묘 가운데에 장례 모시려는 것을 막는 일화이다. 機智가 돋보이는 설화이다. 다른 이유를 가지고는 어떻게 할 수가 없으니까 자기 조부모 묘 가운데가 왕이 날 자리라고 말해 산소를 못 쓰게 하는 이야기다. 한 편의 콩트를 생각나게 할 만큼 문학적이면서도 드라마틱한 이야기로 되어 있는 코믹한 해학담이다.

위기에 처한 상황을 모면하는 절정 부분이 어른들은 감히 상상도 못할 기지로 이야기를 대 반전 시키는 항복의 재치가 웃음을 자아내게 한다.

2) 民俗學的 意義

설화문학은 청자에게 재미있는 무엇인가를 전해주고자 하는 의미가 있다. 그런 의미를 통해서 청자는 때로는 감동을 얻으며, 때로는 오래 기억하게 된다. 특히 풍수설화의 경우 즐기는 계층이 광범위하여 그 속에 들어 있는 의미도 다양하기 마련이다. 그 다양한 의미를 충족시켜 주기 위하여 설화는 더욱 민속학적인 의미를 더하게 된다. 우선 理想의 實現이다. 풍수설화의 주인공들은 대부분 가난하고 무식한 총각들이다. 그들은 부자가 되거나 출세하는 꿈을 꾸지만 엄격한 신분사회에서 정상적인 절차에 의한 현실적 실현은 거의 불가능하게 여겨진다. 명당을 통한 발복은 이러한 주인공들에게 희망을 심어주는 좋은 방법이 된다. 미천한 신분의 주인공들이 명당을 통해 부자가 되기도 하고 정승 판서가 되며 혹은 중국의 천자가 되는 등 이야기 속에서의 꿈의 실현은 자유자재로 구사된다. 또한 늘 강자에게 눌려 살기만 하던 약자는 강자를 골탕 먹이기도 하고 강자의 것을 빼앗기도 한다. 이야기 속에서는 못할 일이 없고, 되고 싶은 것 무엇이나 될 수가 있다.[59]

다음으로 권선징악의 고전적 가치관이 들어 있다. 다른 고전문헌과 마찬가지로 풍수설화에서도 선악의 문제가 중요한 소재로 등장한다. 구비문학은 현장성이 있기 때문에 명쾌하게 결과가 드러나야 한다. 그러기 위해서는 주제가 권선징악이 될 수밖에 없다.

일견대사가 눈이 하나구 한 짝 팔이 있는 중이요. 일견대사가 모이 자릴 좋은데 한 군데 잡어 놓구는 누구한테 가르쳐 줄 사람이 있어야지. 그래 가서 장날 아침에 영업하는 집에 가서 떡하구 술하구 두 냥어치를 읏어 먹었단 말여. 외상으루 먹구서 돈 없다구 떼깡을 부리구 있네. 그 떼깡을 부리니께루, 아 그 막 패구 달쿠.
"예이, 이눔아 초장 마수에 떡 두 냥어치씩 처먹구서루 왜 떼깡만 부리구 가두 안하구 영업두 안 되게 그러느냐?"
구, 막 몽둥이루 패. 그렇게 저렇게 막 가두 못하구 있는데 그 고을에 사는 이씨라는 이가, 선비가 아무 것두 해먹을 게 없이 농사두 못하구 하니께 짚신을 삼어 가지구 짚신을 삼어 가지구 팔어 가지구서 양식을 팔어다가서 참 일상구식을 하는데, 아 가다 보니께 중을 그렇게 봉변을 주니께 아 거 대단히 안 됐거든.
"아 내가 양식 팔라구 하던 돈 넉 냥이 있으니께 아무한테나 떡값 받으면 그만 아니냐?"

---

59) 申月均, 전게서, p.219.

그라믄서 돈 두 냥을 주머니서 내서 갚어 줬단 말여. 갚어 주니까 그 중이 꼭 해전 따라 다닌단 말여. 이리저리 해전 따라 댕기는데 파장서 겨우 신 한 컬래 제우 두 돈을 받구 팔었어유. 엽전 두 돈을 받아서, 게 그래 그 돈 두 돈을 가지구서 떡을 두 돈어치를 사 가지구 둘이 그냥 요기라구 하구 집으로 오는데,

"아 대사 아침에 내가 술값까지 갚어 주구 이렇게 했으니 떡값까지 갚어 주구 했으니 아 다른데 가시라."구.

"아 괜찮습니다."

아 집으루 떡 따라 들어갔단 말여. 집에 가 보니 방이 하나여. 방이 단칸방 하난데.

"아 저녁을 우특하느냐?"

니께,

"아 그 쌀 안 팔어가지구 오냐?"

니께, 그 안에서 우트게 나가서 좁쌀을 한 되 구해 가지구서 아침 저녁 해 먹을라구. 조당숙을 쑤어서루 한 반 그릇씩 떠 먹구서루 게,

"아이 그래두 요기를 하러 왔으니, 요기를 했으니 요 안동네 가믄 사랑두 있구 헌데 그런데 가 자라."구.

"아 사랑 없어두 괜찮습니다."

그런데 안에서,

"이 방에 와서 주무시라."

구 해요 그 바랑에서 홑이불을 내서 이렇게 [손으로 방가운데를 가리키면서] 방에 걸쳐놨거든. 아랫묵에서 그 부인이 자야 하구 하니께. 아랫목에 그 부인이 잠이 든 듯 하니께,

"주인 양반."

"아 왜 그러냐?"구.

"아 이렇게 사는 거보다 내 말을 한 마디만 들으면 좀 낫게 살텐데, 게 할테냐?" 니께,

"아 그럭한다."

니께,

"낼 아침에 선산(先山)이 어덨나 아주 밀례할 궁리를 하시구랴. 내가 자릴 하나 잡어 놨으니께."

"아 그래 내가 이렇게 사는데 당장 지포(紙布)하나 뜰 돈두 없구, 종이 한 장 살 형편도 못 되는 데….."

"아 한다구만 하시우. 내가 그 돈 다 댈테니까."

그 때 돈 삼원을 내드래유. 서른 냥을 내놓으면서,

"가 쌀두 팔어 오구, 나무두 사구, 종이두 사구, 저 명지(명주)두 멧 자 끊구, 삼베도 멧 자 끊구."

아 그거 훌륭하게 해 오거든.

"아 그 어서 어서 가자."

구. 그 중하구 주인하구 둘이 가서 팠어유. 모이를. 파면서 개장해 가지구서 경주 시루봉에다 갖다 한복판 구녕에다 쌓단 말여.

"좌우간 댁이 무식하던 안 하구 그러니께."

불과 과일 본다는 말만 있었지, 어느 날이라구 아직 작정두 없지 못들었는데,

"과일 보는 날이 안즉 한 달이 못 남았습니다. 서울 가믄 대과해서 대번 이 고을에 거시기 하게될테니께 그렇게 하시우. 그렇게 잘 되거든 이 골 성주가 될 테니께 잘 되거들랑 부대 남한테 저액일랑 하지 마시구랴."

그렇게 당부를 하더래유. 부대 그렇게 단단히 당부하더래유. 거 참 한 달에, 메칠 있으니께 서울 과거 본다구 이런 소문이 들리더래유. 그래,

"나두 과거 보루 간다."

구. 참 그래 참 과객질해 가매 서울 올라가 과거를 했는데 대과 알선급제를 해 가지구서 그 덕으로 녹(祿)을 터서 그리 몰구 왔단 말여. 아 그래 대번 부자 됐지 뭐. 돈이라는게 대번 뭐 뭐 있는게 없는게 걱정, 그 때만 해두 수령만 하나 해두 아즉 뭐 아무 것두 만사태평 걱정없지.

217

아, 아전 이방놈덜이 그 시루라는데 가운데 큰 구녁에다 썼는데 갓구녁에다 모이를 모두 뺑 돌려 쓴단 말여. 그래 이 늪을 전부 파내버렸단 말여. 파내버리구 그라니깐, 아전 그 늪들이 아주 그 참 맷번디기 같이 얇은 사람들이,

"야 우리 모이 파는데 아 대감 모이라구 내버두냐?"

그 파버렸단 말여. 그래 고만 바로 절단났어유. 그렇더래유. 그러게 용하게.

3-2. pp.707-710.

가난한 사람이 일견대사가 시장에서 떡을 먹고 돈을 못 내자 두 냥을 갚아주고 그 보답으로 일견대사가 좋은 묏자리를 잡아주어 除厄을 하지 말라고 했는데, 謁聖及第를 해 수령이 되어 선산 주변에 여러 사람이 산소를 쓰니 파헤쳐버려, 결국 자기 부모 묘도 파헤쳐져 망했다는 이야기다. 많은 사람들이 좋은 묏자리 주변에 모여드는 것은 당연한 이치이므로 좋은 일을 하면 복을 받고 나쁜 일을 하면 화를 당한다는 권선징악적이고 자기가 한 일에 대해 책임이 돌아오는 인과응보적 교훈이 들어있는 설화이다. 넓게 이해하고 덕으로 다스렸다면 끝까지 복을 받았겠지만 인과응보에 따른 결과의 설화이다.

### 3) 文化史的 意義

풍수설화가 구연될 때 화자와 청자 사이에 공감대가 형성되어야 한다. 이것은 문화사적 분위기를 공유한 공동체적 성향에 기인한 것이다.[60] 이것은 개인의 의식과 이상에 의해 창작된 기록문학보다는 공동의 작품인 설화에 더 두드러지게 나타난다. 이들 설화에 나타

---

60) 상게서, p.222.

난 문화사적 의의를 요약하면 現世指向的인 면과 자연에의 順應이다. 현세지향은 한국인의 구복관과도 일치한다. 현세의 삶에서 복을 얻고자 하는 희망과 믿음이 더 많이 내재되어 있다. 이는 亡者를 묻는 땅에 관한 일이면서도 사후세계에 관한 언급은 전혀 없고 대개의 경우 후손들에게 어떻게 기여했는가에 대한 이야기가 중심이기 때문이다. 결국 풍수설화에 나타난 행복의 관념은 현세의 부와 귀를 얻고 후손들이 발복하는 것으로 집약된다. 이러한 것은 今時發福과 晚時發福의 두 가지 형태로 나타난다. 금시발복은 무척이나 가난한 사람들이 며칠을 기다리기도 힘든 삶을 살아가기에 바로 복을 받아야 하는 상황을 위해 등장하며 묘를 쓰기도 전에 장례지낼 돈을 받고 발복을 한 후 묘를 쓰는 극단적인 예도 있다. 대개의 이야기가 머슴이 도망이나 개가를 위해 나온 돈 많은 과부를 얻는 이야기가 주류를 이룬다.

만시발복은 묘를 쓰고 빠르면 자식 대에 발복하기도 하고 늦으면 16대가 지난 후 발복하기도 하고 자식이나 손자들이 잘 되는 경우가 많으며 주로 부자로 살다가 후대에 발복하는 경우이다. 먹고 살만하니 발복이 늦어도 되는 것이다.

아울러 자연에 순응하는 모습이 많이 들어 있다. 풍수설화는 자연의 힘에 의존해 행복을 구하는 것이므로 초월적 힘에 의한 명당발복이 중심 내용으로 되어 있다. 이것은 자연이 인간의 힘을 지배할 수 있다는 운명론적인 사상과도 관계가 있다. 한국인의 자연철학은 인간이 자연의 일부분이라는 것에서 시작한다. 인간은 명당을 얻기 위해 즉 자연 속에서 좋은 환경을 만나기 위해 자연과 하나가 되어야 한다는 것을 의미한다. 자연에 순응할 때 자연과 일치되어 행복을 얻을 수 있다는 사상이다.

## 제2절 風水說話의 文學的 展開와 意味

### 1. 風水說話와 古典小說

고전 소설이 설화의 영향을 받았다는 것은 두루 아는 사실이다. 둘은 불가분의 관계에 있기에 문학적 전개에 있어 반드시 살펴봐야 하는 것들이다. 설화는 고전 소설로 정착하면서 첨삭되고 흥미를 더해 하나의 작품으로 완성되는 것이다. 원래는 하나의 설화, 또는 여러 설화의 결합으로 일정한 전승과정을 거치면서 累積, 添加, 改刪되어 후대에 이르러 소설로 이루어진 것이 많다. 어느 고 소설을 막론하고 민간 설화의 영향이 전무한 경우가 없을 정도이다.[61] 판소리계의 소설이 대부분 설화에서 나왔다는 것은 이를 증명한다. '설화 → 판소리 → 소설'의 단계를 거치는 것이 있기 때문이다. 물론 소설에서 판소리의 형식으로 변한 것도 있다. 적벽가의 경우가 그것이다.

춘향전을 예로 보면 60여 개의 설화가 모여서 춘향전이라는 불후의 명작을 만들었다는 것은 示唆하는 바가 크다. <암행어사 설화>, <박문수 설화>, <추녀설화>, <박석티 고개 전설>, <烈女說話>, <艶情說話>, <官奪民女型說話> 등이 합쳐져서 판소리 특유의 소설을 낳은 것이다. 심청전은 <개안설화>, <효녀설화>, <희생설화> 등의 결합으로 된 것이다. 결국 조선 후기 동물 우화 소설을 비롯해서 설화계의 고소설은 모두 민간 설화기원 고소설이라고 할 수 있는데, 여기에는 구전설화나 문헌 설화가 모두 포함되기 때문에 그 영역은 매우 넓다고 하겠다.[62] 풍수설화 역시 풍수와 관련

---

61) 한국고전소설편찬위원회편,『한국고전소설론』, (새문사, 1996), p.43.
62) 상게서, p.43.

된 많은 이야기들이 후대 소설에 영향을 준 것은 사실이다. <아기장수>설화가 소설로 정착하기도 하였으며, '고수레' 이야기가 여기저기 다니다가 소설 속에 에피소드로 삽입되기도 하였다.

이토정이 한산 이씨여. 이토정 토정 토정선생님이. 한산 이씬디. 지술으르 허셨지. 지관질. 그래 토정비결두 익거던? 저 석중결이 토정비결여 그게. 이토정다 내논 석중결책이. 그런디.
저어 보령(保寧) 워디 가서 연화보수가 있어. 묘잇자리가. 강이 강이 가서 졌어. 강물이 가서 강 속이 가서. 그래서. 거기다 허새비를 셔놓구서 독만 던지면 해뜩 욱구 돌아스구 해뜩 욱구 돌아스구 그렇게 맨들어 놔거던? 토정선생님다. 그래서 독으루 산을 맨들어 가지구서 거기다 써가지구 모이를 써 가지구서 그래….
한산 이씨가 워트게 됭구허니 애초 한산 이씨 조상이, 에, 원얼 서울서 네러오셨는디 지리럴 잘 하시더랴. 원이 네려와서. 그래 한산 아사(衙舍) 터를 봉개 금계포란(金鷄抱卵)여. 금계포란이(에다) 썩 잘 졌는디. 한밤중에 계란 시 개를 동헌 마루 밑이다서 갖다 묵억거던. 그런디. 그때 누가 봤느냐허면 통인 수통인이 봤어. 그래 울 때가 됐는디 안울어. 그래 계란을 가서 파봉께 곯악거던? 그래서 그 이튿날 날 샌 뒤에 '내가 잘 못 봤단 말이냐.' 아, 이러구서는 다시 봉개 지기는 꼭 금계포란이 졌는디 개시거던 (이상하거던?). 그래 인제 원얼 몇 해를 살었덩가 살구 설랑은 전하께서 불러서, 잉금보구서는 전하여. 천자 밑잉개. 전하께서 불러서 서울루 올라 가셨는디. 아, 이 통인 댕기던 눔이 계란을 갖다 밤중에 갖다 묻으니 울가디? 그래서 거기를 찾어 올라갔어. 찾어 올라가서, 올라가닝깨 부하에 두구 부리던 하인이 왔이닝개시리 좀 서루 수년 만이 만났으닝개,
"니가 워쩐 일이냐?"
절을 허구서 앉더니 에,
"대감께 소인이 죽을 죄를 졌습니다."

"아,니가 무슨 죄를 졌단 말이냐."

그 얘기를 했어.

"응:내가 보기는 영낙읎이 봤는디 땅은 네 땅이다. 할 수 읎다. 그런디. 거기는 계란이다 공자를 써서 느야지 공자를 안써서 느먼 울덜 안하는 디다. 그래 '호장공'이라구 써서 갖다 묻어봐라. 그럼 울 것이다."

그래 메에칠을 놀다, 가서, 와설랑은 참 계란이다 한 밤중이 저 혼자, 호장공이라능 것이, 그저 저어 원 밑이서 심부름하는 하인 이름여. 그것 두 베실이라구 그러지. 그런디. 호장공이라구 계란 시 개에다 써서 갖다 묻응개 한 밤중 됭개 울거던?

"[무릎을 치며] 아, 인제는 됐다."

썼어. 뫼를 몰래. 거기다 썼는디. 아 그 후루 그 뫼 쓰구서 목은(牧隱) 낳구 월남(月南) 토정(土亭) 모두 막 쏟아지네. 현인이. 그래 목은 대감 이 충신여.

한산 이씨가 그래서 한산 이씨라구 거시기해설랑은, 닭이 알 풍구 있던 눔 깠응개시리 좀 씨가 많을 기여? 그렁개 워디구 한산이씨 안사는 디가 읎어. 구석구석이.

그래서 한산 이씨가 대창했지. 그러구 에, 목은 낳기때미, 목은이 충신이구. 목은 대감이. 그 후로 월남선생 토정 이렇게 모두 쨰(깨) 쏟아 지듯 허지 않앴어? 그래설랑은 한산 이씨 한산 이씨, 홍산읍내 백장놈두 한산 이씨라구 헌댜. 이가덜인디. 그렁개 존 디루만 따러서.

4-5. pp.692-694.

위의 인용문은 토정 이지함과 관련된 것으로 소설 『土亭秘訣』에 삽입된 내용과 동일하다. 에피소드로 소설 속에 삽입된 경우라 하겠 다. 토정의 경우는 워낙 자료가 많아서 다 논하기는 어렵지만, 위의 글 속에서는 金鷄抱卵型의 지세를 통해 훌륭한 인재를 얻는다는 내용이 들어 있다. 金鷄抱卵型의 땅은 丹鶴抱卵型이라고도 하는데 마치 학이 알을 품고 있는 형상을 하고 있는 지형을 말한다. 날개의 안쪽에 해당하는 자리에 묘를 쓰면 후손이 발복한다고 한다. 한산이씨의 묘를 통해서 충신이 많이 배출되고 있음을 소설적 구성을 통하여 잘 나타내었다. 이러한 바탕이 고전 소설로 이어지고 현대 소설의 근간이 되었던 것도 사실이다.

즘이 한산(韓山) 이씨가 한산서 말하자면 이방(吏房)여. 이방? 말허자면 그 원 그 한산 골이…원이 네러오면 원 밑에서 근신하는 사람덜이 이뱅이거던. [조사자: 한산이씨가 원래요?] 응. 이 그렁개 육방 관속이라구 그러지. [조사자 : 예.] 그런 사람이 사는디.
함 번은 서울서 한산 원이 네러왔는디, 참 특이헌 분이덩개벼. 지리가 용텅개벼. 그래서 한산이씨 그 이방 통인허구 이방…이 참…이방인디 원이 네러오닝개, 원 밑에서 근시(近侍)를 허거던? 통인이라능 건? 그런디 하룻 저녁은 그 원이 계란을 주면서 그 말하자면 그 원 거처허는 그 말허저면 대청 밑이다가 파 파묻어라아구 그렇게 지시를 허더랴. 그러닝개 그 통인이 가만히 생각항개, 이상시럭거던? 왜 그 계란을 갖다 거기다 묻으라구 할 기여? 그렁개 생계란을 묻웅 게 아니라 슬쩍 삶어서 묻었더라 이거여. 그러닝개 그 자정이 지나면 말하자면 닭 울 때가 되며는 닭우는 소리가 들릴 텐디 닭 울음 소리가 안 나. 원이 들어보닝개. 그래 원 말이,
"이거 내 잘 뫂복구나아."
이렇게 얘기하더랴. 그래 원허구 통인허구는 원제던지 한 좌석이 앉어서 그렇게 건이를 허닝개. 그렁개 그 통인이 그래두 그 눈치가 빨러서 그래 그 원이 월매 상관이 인저 참 내직이루 들어가서 상관이 그 인제 서울루 올라갔어. 고 눈치를 채구서는 말하자면 송장을 파서 그때 그 동헌 마루 밑이 가서 파묻능 거여. 아이 파묻으면, 지구나면 송장이 나와. 그 겁날일 아녀? 한 서너 번 그럭하다보닝개 안되게 생겼으

닝개 인제 다 다 다른 디다가서 다시 문구서는 그때 서울을 올라갔어. 그 말허자먼 방자 그 통인이. 서울을 올라가서 그 먼저 있던 그 냥반을 찾었지? 찾어서 인저 석고대죄(席藁大罪)를 하능 기여. 참 말하자먼 살려달라구 비능 거여.

"지가 죽을 때가 됐으니 살려주시오."

이 얘기여.

"그래 너 뭘 그러니?"

그러닝께,

"사정이 지차지차해서 제가 죄를 많이 졌습니다. 상감께서 그 참 그 나리께서 그 시키는 대루 않구서 쌂은 계란을 거기다 묻었더니 그케 닭이 안 울구서 지가 거기다 지…참…선친을 거기다 참 디릴라구 했더니 대꾸 묻으면 나와요. 그리니 어트가느냐."

구, 그러닝께,

"허허어…. 그 네 땡이구나— 먼저 완 원 네러왔던 분이— 그거 네 땅이구나."

그래 다 일러중 거여.

"그 워츠거야 안 나옵니까? 그 송장이 안 안 속구칩니까?"

그라닝께,

"거기는 사서인(士庶人)은 못들어가는 땅여어. 그러닝개, 관 관직있는 말하자먼 송장이나 거기 들어가는 딩개 그 관 관직 장사를 지내야한다."

"워치게야 합니까?"

그러닝개, 우리 참 말허자먼 통인잉개 관직이 있남? 그러닝개 그 원이 일러줬어.

"금관을 쓰야하는디 금관이 워딨니? 그러닝개 금관이 아니라 지금 밀짚? 밀짚. [조사자 : 예.] 밀집 이루 엮어서 이렇게 관을 맨들으먼 그게 금관이 되능 기여. 그렇게서 가서 메 찬 디려서 파구서 묻으면 괜찮으닝개 가서…"

그러닝개 네러와서 그 그냥반 시키는 대루 했어. 그러닝개 안 나와, 송쟁이. 그러나 동헌 밑이다 송장을 묻었으니 워쩔 기여 그거.

그러자 그 집이 아주 불꽃마냥 되네? 그래서인저 참 말하자면 벼슬두 허구 이렇게 들구(자꾸) 나닝개 동헌을 헐어냈어. 헐어내구서 거기다 참 봉분을 짜구 다 이렇게… 거가 금계포란(金鷄抱卵)이랴. 금닭이 알을 풍꾸있는 형국여. 그렇게 묘이를 썼는디 그 후이루다가 인저, 베락… 참 자손이 퍼지능 거여. 그래 인저 그 그 그렇게 해서나 인저 그, 그 넉넉턴 못허덩가 장개를 아들 장개를 보내는디 혼처가 나서야지? 혼처가 안 나승개 그 이웃 부자가 하나 있는디 딸이 참 과년찼는디 엄청나게 크더랴. 부자구 집 참 근지두 괜찮은 사람인디. 딸이 워넌 크닝개 누가 데려가야지. 그래 누가 그 얘기를 허더라먼그려.

그 참 그 메누리 은으면 괜찮다구. 그래 그 메누리를 은을 욕심잡구 참 청혼이 들어오다시피해서는 혼인을 그 인제 말하자면 날택일허구 다 이렇게 했는디. 그 집은 원판(워낙) 부자닝개, 거기서는 목수를 네려보내더랴. 목수를 보내더랴. 사둔네 집이루. 우리 딸은 이런 문으루 못 드나등개 오늘 그 문부텀 늘리야헌다구. 목수를 데려다 인저 그 외창문을 쌍창으루다 큼직허게 늘, 늘링 거여.

그 츠녀가 얼마나 컥걸래 그 외창으루 못 들어오구 문을 늘렸을 거여. 친정이서 목수대서어? 그 그렇게 해서 혼인을 지내는디 대뜸 쌀을 오식 가마 주더랴. 아 그 처치 곤란한 즈 시집 목가는 딸이 그렇게 익구 같이 데러갈 사람이 읎응개 자기네 익구 그러닝개 그저 기맥힐 일 아녀? 그 오식 가마를 주며,

"우리 딸은 밥을 많이 먹어. 그렁개 이눔 양식 하라."
구. 와서 일허구 밥을 허는디 참 멋들어지게 일을 허구 밥을 허는디. 말밥을 먹드랴 글쎄에. 그러니 그 인근 동이서 숙데숙데(쑥덕쑥덕) 해싸쿠 우숩두 안할 테지. 아 이러…말허자면 어린애를 낳기 시작허는디, 삼 삼태(三胎)를 일곱 번 했댜. 그럼 시물 하나 낭 거 아녀? 그저 물밀듯 그저 참 미끈미끈헌 눔으 아들을 그케 났는디. 삼태닝개 그 어치게

225

돼서 그럴기여? 아 그런디 뭐 문제없더랴. 그저 젖 것이 이렇게 척 늘어졌각구는 양쪽 것이 이렇게 늘어졌는디, 어트게 젓이 흔턴지 그저 억구서두 어깨너머루 젓을 넹겨서 멕이구, 이 져드랑 밑으루 젓을 돌려서 멕이구, 그렇게 젓이 흔하닝개 애덜이 세 셋씩 났어두 그러게 충실허게 크더래. 그래 인저 그렇지만 그 가르치던 못했덩가 일얼 허는디, 한 형제간잉개 들이서 수물하나이 일얼 허능 기여.

그러닝개 누가 보던지 뭐 일꾼으루 알지. 수물 하나씩 데리구 일허닝개 참 그 때만해두 저 한산 지내거 서천(舒川)이거던? 서천 원이 나가는디(나가면서) 보닝개 워떤 상제만 거기…시물 하나이 그 일을 허드랴. 그래 괴상해서 물어봤더라너먼그려. 물어보닝개 '사정이 지차하다'구 그러드라너먼. 그러닝개 물어보구 그랬이닝개 원이 그냥 갈 수 있남? 그래, 그래 참 쌀두 멕 가마 주구, 쌀 주면서 그 거시기를 다 적어까지 주더래. 사 사람이 그렇게 날 리는 읎다구 이런 얘기를 들었댜. 그 사람덜이. 그런디 그 친정에서 그렇게 논두 인저 많이 줘 각구 농사두 막 광작허구 그렁개 그게 그 사람덜 그런디.

아 그 후 아들 일곱 이저 삼태 일곱 번 한 사람덜 그 아덜덜이, 그저 맬끔 쌍뎅이만 크게 낳더랴. 그래 죄다 죄다 그렇게 아들 자손이 벌으닝개 한산이씨 지금 한국내 안 쩌서 사는 디가 읎어. 그래서 그분덜 손이라능기여. 금계포란 그 써각구서는 그케 자손이 퍼졌는디.

4-5. pp.281-285.

한산 이씨에 관한 비슷한 설화를 보았다. 두 개의 인용 설화가 모두 금계포란형의 지형에서 좋은 후손이 탄생하여 각 지방에 퍼져 살고 있으며 복을 많이 받았다는 내용이다. 위의 인용 설화는 크게 두 개의 단락으로 되어있다. 하나의 에피소드는 묏자리를 잡기까지의 과정을 그리고 있고, 다른 하나는 三胎를 통해 21명의 자식을 두어 다복하게 삶을 꾸리고 있는 후일담을 드라마틱하게 구성하여 삽입한 것이다. 조금 어수룩하지만 소설적 구성을 착실하게 지키고 있는 모습을 볼 수 있다. 명당을 취하는 데는 사또와 아전의 차이가 있을 수 없다. 상관이 본 명당을 아전이 속임수로 갈취함은 윤리적으로나 도의적으로 맞지 않는 것이나 고을의 수령도 그것이 자신의 복인 줄 알고 도와주는 것이 넓은 아량을 베푸는 한국적 사고방식이다. 사또도 아전도 모두 풍수학에 능했음은 당시 사람들 모두가 풍수에 해박한 지식을 가지고 있음을 말하는 것이다. 풍수설화는 신비감을 지녀야 제 맛이 난다. 세쌍둥이를 생산하는 것도 그렇고 사또와 신경전을 벌이는 상황 역시 문학적 요소를 충분히 갖춘 것이라 할 수 있다.

## 2. 風水說話의 小說的 意味

소설의 기본 구조는 '발단 → 전개 → 위기 → 절정 → 결말'이다. 설화는 이러한 구조를 모두 갖추고 있지는 않지만 이야기로서 흥미와 예술적 기능을 발휘하기 위하여 적당한 소설적 구조를 지니고 있다.

그 전에 인제 옛날에, 이 풍수설이라구 할 거 같으면, 지관이라는 사람인데. 지관하는 양반 중에 하나, 한 분이 있었는데. 그, 이 사람이 인제 한 삼십 년을 아주 그거르만(그것으로만) 인제 그러니깐은 집을 떠나면은 몇 달만에 아주 석 달도 좋고 넉 달도 좋고, 자기 인제 어디 가서 한 번 잘 만나면은 돈 좀 잘 벌어 들어오면은 인제 자식들허구 처자식들 먹구 살고 또 나가서 몇 달 있다가 인제 들어오고 그러는데. 참 어렵게 산다 이거야.
아, 그러더니, 나가더니, 됐는데, 아들이 한 날은 자기 아버지가 몇 달 만에 들어오셨는데.

"아, 모 아버지, 다른 사람들은 산소터 봐 주고 집터 잘 봐 줘 가지구 잘 사는데, 우리는 그래 이렇게 응, 못 살아서 먹지도 못하고 입지도 못하고 이건, 뭐 이 남만 잘되게 해 주구, 그래 우리는 못 살게 하느냐? 그러니깐 아버지 우리두 좀 집터를 하나 봐 주던지, 산소터를 하나 잘 보던지 하나 해서 잘 살게 해 달라."

고 아버지보고 요청을 했다 이거야. 그러니깐 아버지, 자기 아버지가 한 다는 소리가 자기말 비슷하게 하는 소리가,

"참 아무개나 밭 머리에, 거기다 집을 지면은 금시 발복헐 자린데…."

이렇게 했다 이거야. 그러니까 거기 큰 아들, 작은 아들들이 언제 거기에 귀가 솔직(솔깃) 해 가지구.

"아! 아버지, 그럴 꺼 같으면 오늘 나 기부하겠소. 아무렇게든 문트리락두(움막을 얽어 지어서라도) 해서 삽시다."

말야. 아 그러니깐은 자기 아버지는 물론 인제, 큰아들, 작은 아들들이(에게),

"그러면은 오늘 저녁에락두 움트리허구, 큰 아들서부터 인저 가서 잠을 자 봐라."

말야.

"그러면은 결과가 나 올 것이다."

이거야 얘기했다.

"아! 그리갔다(그러겠다.)"

구. 그래 인제, 큰아들이 인제 제일 처음이 (으)로다 인제 움트리를 허구서, 그냥 점잖은 선비 차림을 한 사람이 칼을, 장칼을 뽑아 들고서는,

"웬 놈이 남의 응, 집터에 와서 잠을 자느냐?"

고 말야.

"목을 당장 치갔(겠)다."

구. 그러면서 그냥 칼을 뽑아 들잖아? 헛김에 그냥 무서워서 도망을 했다 이거야. 도망해서 온 것을 자기 아버지는 이미 그냥 알고 있으니깐 은 뭐 웃을 수밖에 더 있나?

"왜 오느냐?"
하니깐,
"아유! 거기서 자다가 죽갔(겠)길래 온다." 구.
"그렇갔(겠)지."
인제 그러면서, 인제 그 날 저녁에 인제 지나구서는, 고 이튿날은 이제 둘째 아들이,
"아! 형이 못 잤는데 나는 못 자겠냐?"
구 말야.
"형이 못 잤데면 말야, 내가 자겠다."
구. 그래 둘 때 아들이 와서, 인제 잠을 자는데, 자기 형식으로다 그 날 저녁에도 여전히 자정이 되니까 또 지골(기골)이 정정한 선비가 그냥 칼을 뽑아 들고서,
"죽이겠다."
구 그런단 말야. '남으 집터에 와서 잔다' 구. 아, 그래 둘째 아들도 도망해서 왔다 이거야. 그래 셋째아들이 또 이 그건 모(뭐) 사람은 지금이나 옛날이나 다 그 호기가 있으니깐은,
"형님들은 못 잤지만은 내가 오늘은 자야겠다."
구 한다.
"응, 그래라, 그래."
셋째 아들이 가서 인제 그 날 저녁에 또 잠을 자는데, 자기 아버지 생각에는 '오, 자정이 됐으니깐. 지금쯤 그 놈도 또 도망해서 오갔지.' 했는데 그 오지 않구선 아침에 훤히 밝아서 인제 작은 아들은 왔다 이거야. '거 참 이상스럽다.' 하구선, 자기 아버진 인제 생각을 허구 있는데 아들이 들어온 연후에, 인제 물어, 물어 보니깐은,
"너는 그래 어떻게 형들은 잠을 못 자고 왔는데, 너는 어떻게 무사히 잠을 자고 왔느냐?"
하니깐은,
"나는 잠을 자는데 밤중쯤 지나니깐은 웬 점잖은 선비양반이 들어오

229

더니 인사를 공손히 하면서 '아! 인제야 집 주인 양반을 만났으니 참 고맙다'는 뜻으로다 인사를 허구, 그래서 정중히 인사를 받고서는 거기서 무사히 잠을 아주 자고 왔습니다."

그리고도,

"아, 그랴?"

즈. 속으로 혼자, 자기 아버지 생각에는 '참 이상스럽다' 하지만은 아들들한테 얘기를 할 수 없으니깐은 아들 삼 형제를 조반 식사한 다음에, 산으로 나무를 하러 보낸 다음에. 옛날에는 증말, 참 남자들은 오비칼을 가지고 댕기고 여자들은 인제 은장도라고, 인제 가지고 있는데 그 은장도 같으면은 인제 그래두 대가집 정도나 돼야 인제 가지구 댕기구, 인저 뭐 촌에서 살림하는 사람들은 그냥 남자들만 오비칼을 가지고 다녔어, 쩝.

그래 아들들을 나무하러 보낸 다음에 오비칼을 새파랗게 갈아 가지구선은 자기 마누라를 인제 불러다 놓고서는,

"내가 삼십여 년을 풍수설을 다녔어도 나를 속일 수가 없는데, 어찌 왜서 셋째 아들이 무난히 잠을 자고 왔대는 것은 틀림없는 무슨 곡절이 있을 테니까 바른 말 안 하면은 이 칼로다 너를 죽이겠다."

말야. 마누라한테다가 이렇게 얘기하니까 처음에는 인제 마누라도,

"아니, 이 양반이 별안간에 왜 이러시냐?"

구 말야. 아 이리 하면서 하니까,

"별안간의 일이라는 게 뭐냐 말이야? 바른 말 안 하면 당장 죽이겠다."

말야. 그러니깐은 하여큰 이판사판 이니깐은 바른 말 안 하면은 죽고 말, 죽이고 말갔단 이 말야. 그 전에 인제 그 마누라들은 나이도 들구 그랬으니까 얘기가,

"그럼 당신한테 바른 말을 하갔다. 사실, 당신이 풍수설로다 삼십여년을 댕겼으니 말야, 집안 꼴이 무어이 되었으면, 정말 참 물을 끓여 먹을래야 나무가 있느냔 말야? 그래 나무하러 정말 산에 오르다 내리다 보니깐은 저 건너마을 부잣집 머슴살이 떠꺼머리 총각인데 그 사람 성이 정가

야. 그 그러니 아까 터는 정가라 그랬잖아? 그래 정간데 그 사람을 봤다 이거야. 그래서 어느 날 애를 낳는데 사실 당신 아들로 돼있는 거고, 지금 와서 이렇게 됐는데 날 죽이겠으면 죽이고 마음대로 하슈."

하니깐은 이 풍수설을 삼십 년을 댕겼어도 지금은 와서 마누라를 죽여 봐야 다른 마누라를 얻을 수가 있느냐 이거야? 그러니깐은,

"자, 이 저 비록 이렇게 된 거니, 그럼 아들들은 모르게 그럼 작은 아들 덕에나 잘 먹고 살아 봅시다."

그래가지구선은 인제 아주 다 거두고 그리고서는 인제 아들들이 나무해 가지고 나려온 다음에는,

"야, 이 집이 터는 여기가 좋으니 여기다 집을 짓구 살자."

그래 가지구선은 인제 나무를 인제 벼(베어)다가 이 일변 집을 져 가지구선은 인제 사는데. 아니나 다를까 뭐 석 달쯤 지나니깐 살림이 늘기 시작해 가지구선은 잘 살았다는 이런 전설이죠. [청중 : 근데 그 터로 아무나 못 들어가는 모양이죠?] 아, 터가 있습니다.

1-7. pp.443-448.

위의 내용을 소설의 구성으로 분석해 보면

발단 : 오랜만에 집에 온 풍수에게 아들들이 자기네 집도 잘살게 해달 라고 말함
전개 : 아무개네 밭머리가 금시발복자리니 아들 셋이 차례로 가서 잠을 자보게 함
절정 : 첫째, 둘째는 자지 못하고 왔으나 막내는 무난히 잠을 자고 옴
위기 : 마누라가 부잣집 머슴 정가와 사통해 낳은 아들이 막내임이 밝혀짐.

결말 : 용서하고 그 터에 집 짓고 잘 살게 됨

내용을 종합적으로 분석한 결과 소설의 구성과 전혀 차이가 없다. 오히려 現代小說보다 더 드라마틱한 면이 없지 않다. 민간 설화라는 것이 민중들의 입맛에 맞게 구성된 것이기 때문에 현대인의 심중에도 흥미를 유발하기에 충분한 요건을 갖추고 있다. 굳이 현대의 소설만이 소설의 구조를 갖추고 있다고 할 것이 아니다. 소설의 기원이 설화에 있는 만큼 설화에도 소설적 구성을 다분히 갖추고 있다. 풍수설화 역시 풍수에 관한 내용을 체계화 해 소설적 가치를 지니고 있다고 하겠다.

### 3. 死者生孫之地譚과 冥婚小說

古典小說 중에는 귀신과 사랑하는 얘기나 귀신과 통정하여 아이를 배는 얘기가 종종 나온다. 명혼설화의 영향을 받아서 발생한 것이다. 현실적 개연성은 떨어지지만 이야기의 소재로 귀신과의 사랑만큼 흥미를 끄는 것도 드물다. 죽은 사람의 무덤가에서 지나가던 여인이 자연스럽게 잉태하게 되는 얘기가 풍수설화에 상당히 많다. 명풍설화 중 사자생손지지 담이 다수 있고 가풍수에도 소설적 양상을 충분히 담고 있는 설화가 다양하게 존재한다. 설화가 민중 속에서 날이 갈수록 청중들의 입맛에 맞추다 보니 흥미 본위로 흐르게 된 경향이 있지만 고전 문학 속에서 그런 모습은 설화에 비해 발전된 양상을 띤다. 우선 설화의 줄거리를 살펴보고 소설과 비교해 보기로 하자.

숙종 대왕이 야밤에 민가를 순행하는 데 축지법을 써서 지방 곳곳을 두루 다녔다. 전라도 곡성에 이르니 한 늙은 부부가 울기도 하고 웃기도 하면서, 죽은 지 오래 된 어린 아이의 유해에 옻칠을 해서 땅에 묻지 않고 데리고 살고 있었다. 숙종이 그들을 위하여 좋은 장소를 마련해 주고자 아이의 유해를 들고 나왔다. 다시 축지법을 써서 함경도 길주에 이르니 사자생손지지가 있었다. 땅을 파서 그 유해를 묻었다. 마침 함경도 감사가 죽어서 다음 감사가 내려오게 되었다. 감사의 가족이 모두 옮겨가게 되었는데 마침 그 자리에 이르렀을 때 감사의 딸이 소변이 마렵다고 해서 그 무덤가에 가서 소변을 보게 되었다. 소변을 보려고 하는 데 소변은 마렵지 않고 옥문이 촉촉이 젖어 왔다. 소변을 보지 않고 가마에 올라 부임지에 도착했는데, 그때부터 태기가 있었다. 상감에게 상소를 올려 죄를 청하니 숙종이 듣고 기뻐하여 곡성의 노부부에게 찾아가서 한양의 이서방인데 보여줄 것이 있으니 한양으로 올라오라고 하였다. 노부부가 한양에 이르러 보니 궁궐에 이서방이 앉아 있었다. 상감과 대면하고 상감이 사돈을 인사 시켜주었다. 그래서 아이를 데려다가 잘 살았다고 한다.

　이야기의 내용이 워낙 길어서 줄거리만 적어보았다. 이러한 스타일의 설화는 전국에 두루 산재해 있다. 채록한 곳이 서울이라 경기지방의 설화에 있지만 제보자가 심하게 경상도 사투리를 쓰는 것으로 보아 어려서 들었던 설화로 보아야 한다. 경상도 사람이 한양에서 전라도 부부와 함경도 감사의 사돈된 이야기를 한다면 전국적이라 하지 않을 수 없다. 임금이 야행을 다니면서 축지법을 쓰는 것도 허구적 구성이고, 평민이 임금을 만나서 "한양의 이서방 운운" 하면서 농짓거리하는 것도 흥미위주의 전개이다. 소설이라는 것이 있을 법한 이야기를 하는 것이지만 독자들의 상상력을 최대한 활용하는 것도 훌륭한 작법의 하나이다. 설화는 청중과 동시에 있고 그들의 귀를 즐겁게 해 줘야 하는 것이기 때문에 더욱 흥미를 유발해야 한다. 평민과 감사가 사돈이 되는 부분에서는 민중들이 카타르시스를 느낄 것이다. 처녀가 잉태한 부분은 다소 황당하게 들리지만 성경에도 나오는 이야기인 만큼 민중들에게도 친숙할 가능성이 얼마든지 있다. 처녀 잉태가 더욱 신비감을 주기 때문이다. 늙은 과부가 잉태하여 아들을 낳는 것보다는 대갓집 처녀가 잉태하여 아들을 낳는 것이 더 드라마틱하다. 후손이 발복할 가능성을 내재하고 있는 것이다. 이러한 종류의 명혼설화는 김시습의 『금오신화』에도 들어 있다. <만복사저포기>나 <이생규장전> 등이 모두 귀신과의 사랑 이야기를 하고 있다. <만복사저포기>의 일부를 보자.

(전략) 술 다 마시고 서로 이별하게 되니 여자가 은주발 하나를 양생에게 주면서 말하기를 "내일 부모님께서 나를 위해 보련사에서 밥을 줄 것입니다. (제를 올려 줄 것입니다) 만약에(서방님께서) 나를 버리지 않으신다면 청건데 노상에 서서 기다렸다가 함께 절에 들어가서 우리 부모를 뵈는 것이 어떻겠습니까?" 생이 말하기를 "좋습니다." 하고 그 말에 따라 손에 주발을 들고 길에 서서 기다리니 과연 큰 부잣집 여자의 대상을 치르는 가마가 지나가더라. 길가에 서 있는 서생을 보니 주발을 들고 있었다. 종자가 가로되 "낭자와 함께 순장한 물건이 이미 타인이 훔쳐간 바가 되었습니다." 주인이 가로되 "어찌된 일인고?" 하니 시종이 말하기를 "이 사람이 주발을 들고 있었습니다." 했다. 드디어 그 사람을 불러다 물어보니 생이 그간에 있었던 일을 말하였다. 부모가 놀라 의심하고는 한참 있다 이르기를 "내가 딸이 하나 있었는데 왜구의 난을 당했을 때에 칼에 맞아 죽었다네. 능히 장사지내지 못하고 개녕사 근처

에 두었다가 오늘에 이르러서야 대상을 치르게 되었다네."(하략)63)

　<만복사저포기>와 <이생규장전>은 고전소설의 萌芽期에 한국 소설에 결정적으로 기여한 작품들이다. 위의 내용을 볼 때 양생과 정씨녀는 이미 사통하여 정혼한 사이다. 그러나 부모의 동의도 얻지 않고, 매파도 없이 정혼한 사이였기 때문에 부모가 놀랄 수밖에 없었고, 죽은 귀신과 3일을 유하고 나왔다는 것도 의심스러울 수밖에 없다. 처녀귀신과 노총각과의 만남은 신비감을 준다. 남원에 사는 노총각 양생에게는 부처님과의 게임에서 이기고 얻은 처녀인 만큼 이미 혼인할 가능성을 시사하고 있었으며, 정씨녀 역시 귀신 중에 가장 무섭다는 처녀귀신이 되었으니 노총각이라도 만나서 정혼을 해야 원혼이 구천을 맴돌지 않는다. 그래서 예부터 처녀가 죽으면 서당 가는 길목에 암장했던 것이다. 개녕사 부근에 버려졌던 처녀의 시신을 수습하여 노총각과 영혼결혼식을 동시에 올리는 부모의 심정은 이루 헤아릴 수 없이 행복하였을 것이다. 이와 같은 내용이 용납될 수 있었던 것은 바로 死者生孫之地譚과 같은 설화가 이미 민간에 널리 유포되어 있었고, 이러한 冥婚說話類의 소설이 유행하게 되는 基盤이 되었다고 본다.


## 4. 假風說話의 小說的 轉移

　명풍설화는 명당을 취득하여 발복하는 것에 중점을 두었기 때문에 적덕과 적선이라는 과정을 중요시한다. 그러나 가풍설화는 假風水

---

63) 『金鰲新話』, 「萬福寺樗蒲記」(旿晟社編, 1981), p.7.

의 역할과 그들의 活躍을 그리다 보니 스토리 중심이 될 수밖에 없다. 언제 발각 될지 모르는 긴박감이 있고, 급하면 도망가야 하는 초조함이 있다. 가짜지만 진짜인 것처럼 행세하다가 좋은 자리를 찾아 성공하게 되니 다시 평온을 얻는다. 가풍설화는 그래서 명당 잡는 이야기라기보다는 假風水가 풍수사로 성공하는 출세담이라고 해야 한다. 스토리 중심의 이야기라 청자의 이목을 집중할 수 있다. 화자는 연출가가 되기도 하고 변사가 되기도 한다. 마치 판소리의 한 장면을 보는 듯이 사랑방의 공연이 되는 것이다.

이제 가풍설화의 내용을 보면서 소설적 양상을 살펴보기로 하자.

▶ 지리(地理)를 모르고 잡은 명당

    남의 집 머슴 살던 낫 놓고 기억자도 모르는 가난한 사람이 부인이 잘라준 머리를 팔아서 패철을 사서 초상집을 찾아 갔다. 산에 가야 명당을 찾는다고 큰소리치니 다른 풍수들은 다 보내고 가풍수인 머슴만 데리고 구산을 가는데 초동 목동들이 돌을 묻고 떼를 입혀 놔둔 데로 가 좋은 자리라 하니 반풍수가 다된 주인이 보기에 맘에 들어 하는데 좌향을 모르니 밤에 묘를 쓰라 했다. 나중에라도 책임을 면해볼라고 묘를 파다 돌이 나온 걸 건드리지 말라고 했는데 상주 삼형제들이 그걸 들었다 놨다. 그 순간 가풍은 도망쳐 금강산 유점사에 가서 주지한테 지리공부를 십년하고 난 후 제액했나 싶어 그 산소에 가보니 석물을 하고 치장을 잘 해 놨다. 상주는 삼천석지기 부자가 되어 가풍에게 재산 반을 떼어주니 그걸 얻어 잘 살게 되었다.

3-4. pp.715-726.

위 줄거리를 요약하면 다음과 같다.

발단 : 가난한 머슴이 부인의 머리를 잘라 패철을 샀다.
전개 : 초상집에 가서 묏자리를 잡아줌.
위기 : 밤에 묘를 쓰라 하고 금강산으로 도망가 지리공부를 함.
절정 : 10년 후 와서 보니 부자가 되어 있었다.
결말 : 많은 재산을 얻어 부자로 자 살게 되었다.

원래의 설화는 장황한 이야기다. 너무 길어서 줄거리만 요약해 보았다. 가난한 머슴이 가짜 풍수사로 성공한 이야기가 드라마틱하게 전개되고 있다. 향을 볼 줄 모르는 상황과 그를 벗어나기 위한 기지가 뛰어나고, 돌이 나올 것을 예비하여 그냥 내버려 두고 공사를 하라고 미리 지시하는 것이 예정된 트릭스터의 구실에 충실하고 있다. 초동들이 거북의 형상을 만들어 돌을 묻어놓는다는 사실을 이미 알고 있었던 것이다. 가풍수가 되려면 이러한 면밀함이 있어야 한다. 남들이 알지 못하는 것을 알 수 있어야 하고, 미래를 예견할 수 있는 능력이 있어야 한다. 대충 사람들을 속여도 속은 것 같지 않게 꾸며야 한다. 向을 모르고 글자를 모르기 때문에 엉뚱하게 발언이 나온다. 밤중에 출상하라는 것도 그러한 이유에서다. 무식한 머슴의 이야기 같지만 주의 깊게 따져보면 상당히 똑똑한 머슴이라는 것을 알 수 있다. 자신의 무식을 숨기고 명풍수 행세를 하는 것이 현대로 보면 사기꾼에 해당하겠지만 결과론적으로 穴을 잘 잡아 줘서 부자가 되게 하고 자신도 부자가 되었으니 해피엔딩이라 하겠다.

假風水譚에 관해 장장식(1995)은 "화소 '지략'을 위주로 할 때에는 가풍수 행각이라는 '지혜(사기)'를 중심 내용으로 보아 智略譚이 된다. 또 화소 '행운(우연)'의 측면에서 '치부'를 중심내용으로 보면 幸運譚이 된다. 이는 가풍수담이 지략담·행운담·예언담이라는 복합적 성격을 지닌 이야기群이라는 뜻이 된다"고 하였다. 위의 설화를 통해서 보면 알 수 있듯이 가난한 머슴을 중심으로 본다면 머슴의 뛰어난 지략을 엿볼 수 있는 지략담이 될 것이요, 나중에 부자가 된다는 내용을 중심으로 본다면 당연히 행운담이 된다. 이와 같이 가풍설화는 다양한 화소를 지닌 이야기로 소설적 전이 과정에 큰 역할을 담당하고 있는 양식이다. 그래서 名風水와 假風水의 문학적 성격이 다를 수밖에 없다. 문학적으로 본다면 假風水가 훨씬 문학성이 높다고 하겠다.

다음으로 가풍수설화의 구성체계를 살펴보면 다음과 같다.

발단 : 가난한 선비(혹은 머슴)가 假風水가 된다.
전개 : 상주를 찾아 가서 훌륭한 풍수 행세를 한다.
위기 : 가짜가 드러날까 두려워 미리 계략을 세운다.
절정 : 우연히 명당을 얻게 된다.
결말 : 후한 사례를 받아 부자가 된다.

이렇게 이야기를 진행하면서 중간에 보조자의 역할이 항상 나타난다. 위의 인용문에서는 樵童들이 보조자의 역할을 담당하고 있으며, 때에 따라서는 異人의 도움을 받기도 한다. 명당 발복이 되었는지 알기 위해 후일 다시 찾아가는 과감함을 보여주는 설화도 종종 있다. 모든 가풍설화의 결론이 해피엔딩으로 되었다는 것은 示唆하는 바가 크다. 비극일수록 카타르시스하는 것이 강하다고 하지만 민중들의 의식은 당장 웃는 것이 더 중요하다. 가풍설화가 성공담에 중심을 두고 있기 때문에 위계에 의한 성공일지라도 후일 복을 받아야 당장 옆에서 듣는 사람들이 만족감을 느낀다. 그러므로 코미디 형식의 소설이 더욱 현실적이다. 그래서 가풍설화는 절대 빈곤자가 트릭에 의해 성공할 수 있는 모습을 그렸고, 내용 중심의 진행이다 보니 후일 소설의 발전에 지대한 영향을 미쳤다고 본다.

다음으로 주인공의 행위를 중심으로 소설적 기능이 강조된 설화를 보자.

▶ 엉터리 지관이 잡은 진짜 명당

가난한 학자가 아내가 구해준 쓰지도 못하는 패철을 가지고 재상집 상가에 간다.

아무 것도 몰라 가만히 있는 학자를 명풍으로 오해하고 다른 풍수는 다 보낸다.

모른다는데도 묏자리를 잡아 달라니 팔삭동자를 낳은 셋째 며느리의 부탁으로 선산에 가 팔삭동자가 나면 정승할 거라고 말한다. 산소자리를 못 잡아 도망가려다 바위에 걸려 넘어진다. 走馬형이라고 하고 거기다 쓰라고 한다. 묘를 쓰고 사흘밤 저녁에 산이 쿵쿵 세 번 울면 팔삭동자가 정승한다고 말하고 사례로 돈을 많이 얻는다. 포수한테 오십냥 주고 총을 세 번 쏘라고 시켰는데 포수가 사실을 알려 상주가 가풍수를 찾아 나선다. 가다가 뒤가 마려워 수수밭에서 뒤를 보는데 어떤 제자하고 노승하고 가다가 "야 참 좋다. 거 저게 山鼓聲이 운다 했지만 산은 안 울어도 총소리만 세 번 났어도 천하제일이구나."하고 사라져버리니 그 말을 듣고는 그만 집으로 왔다.

3-3. pp.452-458.

239

설화의 구성을 보면 다음과 같다.

발단 : 가난한 학자가 패철을 가지고 정승집 상가를 찾아간다.
전개 : 명풍으로 오해 받아 다른 풍수들은 전부 간다.
위기 : 며느리로부터 선산이 팔삭동자 낳는 터라고 말해달라는 부탁을 받는다.
절정 : 산소자릴 못 잡고 도망치다 넘어진 곳에 묘를 쓰라 한 다.
결말 : 묘를 쓴 후 포수가 가짜임을 밝히나 지나가던 노승이 명당이라 한다.

이와 같은 설화는 異人의 도움을 받아 명당을 찾고 주인공으로서의 행위를 마감하는 내용이다. 거의 대부분의 가풍설화가 이러한 유형에 속한다. 트릭을 제대로 활용하지 못하고 시련을 당하며, 며느리로부터 팔삭둥이를 낳을 땅이라고 해달라는 부탁을 받고 이행한다. 곤경에 처한 假風水에게 해결책을 제시해 주는 인물이기도 하다. 또한 도망가다가 넘어진 곳을 명당이라고 한 것은 우연발복의 행위를 매개로 하는 것임을 알 수 있다. 팔삭둥이가 정승을 한다는 것도 명당을 찾았음을 말한다. 팔삭둥이는 모두 못 사는 사람이 없다는 것도 강조한다. 이 가짜 풍수에게 부여된 명당상점에 관한 과업은 실제로는 감당하기 힘든 것이지만 지나가던 노승의 도움으로 자연스럽게 일이 풀리고 있다. 다른 설화와 다른 점이 있다면 일반적인 것은 어떻게든 명당을 점지해 주고 성공하는데, 위의 이야기는 도망가는데 성공하는 것으로 끝이 난다. 트릭을 쓰는데 실패했으니 도망가는 것이 상수다. 잡혀서 곤욕을 치루는 것보다는 도망가서 살아나는 것이 오히려 성공에 속한다. 시작할 때 가짜로 시작하여 끝날 때 가짜로 끝이 났으므로 초지일관형의 스토리다. 결과는 해피엔딩이지만 늘 행복한 결말을 기대하던 청자들에게 새로운 결말을 도출해 주는 것도 신선한 충격으로 다가온다.

## 제3절 風水說話의 文學史的 意義

이상에서 살펴본 풍수설화의 문학사적 의의를 정리하면 다음과 같다. 풍수설화는 풍수를 소재로 하여 만든 이야기다. 인간의 진솔한 내면세계를 중심으로 전개하고 있는 것이 많고, 명당을 통해 현세에서 복을 받을 수 있기를 바라는 마음이 간절하기 때문이다. 이것은 내세보다는 현세에 관심이 있는 세계관의 표출이다. 이러한 사고가 민중 사이에 구비 전승되면서 부단히 添削, 改變, 增補되어 현재에 이르고 있다. 이러한 과정을 거치면서 문학적 지위를 획득하게 된 것이 풍수설화이다.

풍수설화가 문학 작품화하는 과정에는 이미 설화가 태동될 때 가능성을 잉태하고 있었던 것이다. 설화 자체가 넓은 의미의 문학임을 감안한다면 풍수를 소재로 한 풍수설화도 처음부터 문학이라는 자격을 부여할 수 있을 것이다. 그러므로 풍수설화문학을 하나의 독립된 장으로 만들어 연구해야 할 필요가 있다. 다른 면에서 본다면 민속학 쪽에 가깝다고 할 수도 있으나 설화라는 것 자체가 문학의 범주에 드는 것이니 문학 작품화하는 과정과 초기의 과정을 모두 검토하여 문학사에 포함하는 것이 좋다. 설화가 문학작품화한다고 해서 모든 설화가 문학작품이 되는 것은 아니다. 그것은 절대적인 조건이 될 수 없다. 대중의 공감대를 형성해서 인구에 회자되고 전파할 가치가 있을 때 윤색되고 첨삭되는 것이다. 그러한 작품 속에

사상이 들어 있는 것은 당연하다.

　풍수설화가 풍수문학으로 불리게 될 때, 그 속에는 시가와 소설이 모두 포함된다. 다시 말해서 풍수시가, 풍수소설 등으로 불릴 수 있다. 풍수설화가 풍수소설이 되기 위해서는 구성면에서 여러 가지 이야기가 유기적으로 連接함으로써, 장편화하는 경향을 띤다.64) 이러한 현상은 비단 소설에서만 나타나는 것은 아니다. 모든 구비문학에서 문헌설화로 정착하는 과정에 필연적으로 발생하는 현상이다. 설화에서 고전 소설로 정착할 때 적당한 윤색의 과정을 거치고, 다시 고전 소설이 현대소설로 바뀌면서 장편화되기도 한다.

　풍수설화는 대중의 의식 저변에 자리 잡고 있는 것으로 가장 민중적인 것이라 하겠다. 그러므로 풍수설에 연원한 설화나 소설은 가장 대중적인 사고의 반영이라고 할 수 있다. 그래서 풍수설화는 폭이 넓고 다양하다. 풍수문학의 가능성이 이 속에 있다고 해도 과언이 아니다. 대중에게 알려져 있고, 대중이 공감할 수 있는 내용이기 때문이다.

　이상을 통해서 볼 때 풍수설화가 서사문학의 한 端礎가 되었음을 알 수 있다. 예를 들면 斷穴斷脈의 설화는 이여송이 조선에 와서 명산의 혈을 끊으라는 明皇의 명령을 지키고자하는 내용인데 소설 『임진록』에 다양한 모습으로 나타나 있다. 단맥의 행위자는 이여송이 가장 많은 빈도를 보이며 그 다음이 日人이며 소설 『임진록』에는 노인도 등장한다. 이것은 설화가 소설로 개작되면서 많은 에피소드를 포함하고 있다는 증거다.

---

64) 張長植, 전게서, p.245.

# 參考文獻

**資 料**

『高麗史』, 아름출판사, 1964.
『國語大辭典』, 民衆書館, 2000.
『大東野乘, 古典國譯叢書』(전 18권), 1984.
『孟子』, 大衆文化社, 1976.
『브리태니커』, 東亞日報, 브리태니커世界百科辭典, 한국브리태니커
　　　　회사, 1997.
徐巨正, 『筆苑雜記』
梁誠之外, 『東國輿地勝覽』, 訥齊思想研究所, 2000.
禮記·李民樹 譯, 혜원출판사, 1997.
李義準·柳夢寅 著, 李民樹編著, 『溪西野譚·於于野譚』, 明文堂,
　　　　1993.
李鐘殷譯注, 『海東傳道錄·靑鶴集』
李重煥·李翼成 옮김, 『擇里志』, 을유문화사, 2005.
一然, 『三國遺事』, 金奉斗編譯, 교문사, 1995.
周易, 上·下, 徐正淇 譯, 다락방, 1999.
韓國古典小說編纂委員會編, 『韓國古典小說論』, 새문사, 1996.
한국문원편집실, 『王陵』, 한국문원, 1995.
韓國精神文化硏究院, 『韓國口碑文學大系』(전85권), 精神文化硏
　　　　究院, 1980~1988.

『韓國漢文小說選』, 昕晟社, 1981.
橫城文化院, 『橫城의 口碑文學』 1, 2, 橫城文化院, 2002.
*Korean Language and Culture*, Edited by Shu Cheong Soo, Hansebon, 2003.

## 著 書

郭璞·崔昌祚 옮김, 『靑烏經.錦囊經』, 民音社, 2005.
郭正植, 『口碑文學의 理解』 - 설화를 중심으로, 신지서원, 2003.
김두규, 『우리풍수 이야기』, 북하우스, 2006.
金東旭 外 4人, 『韓國民俗學』, 새문사, 2001.
金戊祚, 『韓國神話의 原型』, 정음문화사, 1988.
金富軾·辛鎬烈 譯解, 『三國史記』, 東西文化社, 1976.
김용덕, 『韓國民俗文化大辭典』, 창솔, 2004.
金烈圭, 『韓國의 神話』, 일조각, 1991.
_____, 『韓國神話와 巫俗硏究』, 일조각, 1991.
金義淑·李昌植, 『民俗學이란 무엇인가』, 북스힐, 2003.
金仁會, 『韓國巫俗思想硏究』, 집문당, 1993.
朴時翼, 『韓國의 風水地理와 建築』, 일빛, 2005.
朴溶植, 『韓國說話의 原始宗敎思想硏究』, 일지사, 1992.
成耆說, 『韓國口碑傳承의 硏究』, 일조각, 1976.
孫錫佑, 『터1,2』, 답게, 2002.
孫貞姬, 『風水와 韓國文學』, 세종출판사, 2000.
孫晉泰, 『韓國民俗說話의 硏究』, 을유문화사, 1991.
申月均, 『風水說話』, 밀알, 1994.
玉漢錫, 『江原의 風水와 人物』, 집문당, 2003.

李能和, 『朝鮮 巫俗考』, 동문선, 2002.
李能和·李鐘殷 譯, 『朝鮮道教史』, 보성문화사, 2000.
李世馥 外, 『正統風水의 理論과 方法』, 동학사, 2002.
李杜鉉 외 2인, 『韓國民俗學概說』, 일조각, 1991.
張德順, 『韓國說話文學研究』, 서울대학교출판부, 2001.
張長植, 『韓國의 風水說話研究』, 민속원, 1995.
趙容憲, 『명문가 이야기』, 푸른역사, 2005.
趙喜雄 外, 『口碑文學概說』, 일조각, 1981.
車柱環, 『韓國道教思想研究』, 서울대학교출판부, 1997.
崔來沃, 『韓國口碑傳說의 研究』, 일조각, 1981.
崔雲植, 『韓國說話研究』, 集文堂, 1991.
崔昌祚, 『韓國의 自生風水1·2』, 民音社, 1997.
_____, 『韓國의 風水地理』, 민음사, 1997.
_____, 『땅의 눈물 땅의 희망』, 궁리, 2003.
_____, 『땅의 논리 인간의 논리』, 민음사, 2004.
_____, 『韓國의 風水思想』, 민음사, 1984.
_____, 『風水雜說』, 모멘토, 2005.
_____, 『닭이 봉황되다』, 모멘토, 2005.
_____, 『북한문화유적 답사기』, 중앙M&B, 1998.
_____ 외, 『풍수, 그 삶의 지리 생명의 지리』, 푸른나무, 1993.
崔台鎬 외, 『한국설화문학론』, 은하출판사, 1998.
_____, 『영문노자도덕경』, 문경출판사, 2002.
玄容駿, 『巫俗神話와 文獻神話』, 집문당, 1992.
노자키미츠히코, 『한국의 풍수사들』, 동도원, 2000.
村山智順, 정현우 역, 『韓國의 風水』, 명문당, 1996.

## 論 文

姜中卓, 「風水說의 國文學的 受容樣相 硏究」, 中央大學校 大學院
　　　　博士學位論文, 1987.
姜中卓, 「斷脈型 說話의 硏究」, 전주대 논문집 15집, 전주대, 1986.
姜秦玉, 「風水(斷穴)傳說 小考」, 정신문화 9호, 한국정신문화연구원,
　　　　1981.
_____, 「口碑傳承類型群의 存在樣相과 意味層位」, 이화여대대학
　　　　원 박사학위논문, 1986.
金海正, 「道詵馬上踏山歌考」, 우석문화 2집, 우석대, 1983.
孫貞姬, 「韓國風水說化硏究」, 釜山大學校 大學院 博士學位論文,
　　　　1992.
申月均, 「韓國風水說化의 敍事構造와 意味 分析」, 仁荷大學校 大
　　　　學院 博士學位論文, 1989.
李樹鳳, 「百濟文化圈域의 喪禮風俗과 風水說話硏究」 -湖西·湖
　　　　南地方을 中心으로, 百濟文化開發硏究院, 1986.
林甲娘, 「陰宅風水說話硏究」, 계명대학교 한국학논집, 13집, 1986.
張長植, 「風水說話의 類型 分類」, 韓國民俗學 22, 민속학회, 1989.
_____, 「名風水譚의 性格과 名風의 意味」, 야천 이병호박사 회갑
　　　　기념 논문집, 1989.
韓國文化人類學會, 『韓國文化人類學』 10, 1978.
中部大學校 人文社會科學硏究所, 『人文科學論文集』 제9권 4호,
　　　　2006.
漢陽大學校 韓國學硏究所, 『韓國學論集』 26집, 1995.

■ 저자 약력

경기도 광주출생(현 성남시)
성남서고등학교 졸업
중부대학교 국어국문학과 졸업
중부대학교 대학원 국어국문학과 문학박사

논저

풍수설화의 분류 연구(박사학위논문)
풍수설화의 대중적 수용양상
풍수설화의 사상적 배경 연구 외 다수

## 風水說話의 理解

2007년 9월 15일 인쇄
2007년 9월 20일 발행

지은이 | 양은모
펴낸이 | 강신용
펴낸곳 | 문경출판사
주　소 | 300-150 대전광역시 동구 정동 33-15
전　화 | (042) 254-9668, 221-9668~9
팩　스 | (042) 256-6096
e-mail | mun9668@hanmail.net
출판등록 제 사113호

값 15,000원

ISBN 978-89-7846-307-2  03810

*잘못된 책을 바꾸어 드립니다.